「ごめんなさい」の練習

林健太郎
2万人以上を指導したコーチ

PHP

「ちょっとしたことで家族と言いあいになる」
「部下の気持ちが自分から離れている気がする」
「謝ったのに余計に友人を怒らせてしまった」
「同僚に指摘されると『責められている』と感じる」
「パートナーが石のように黙ってしまった」

「子どもが『はい、論破』と言ってくる」

「『なんで怒ってるかわかる？』と相手を責めてしまう」

「素直に謝れなくて後悔したことがある」

「身近な人との関係をよくしていきたい」

こんな経験をしている人のための本です。

はじめに

「最近、あの人と、ぎくしゃくする」

そう感じている人間関係はありませんか。
思い浮かんだ顔は、おそらく「**夫婦**」「**親子**」「**上司**」「**部下**」「**同僚**」「**先輩**」「**友人**」「**恋人**」といった、あなたにとって身近な人ではないでしょうか。
身近な人間関係がぎくしゃくする背景には、シンプルな共通点があります。

それは、相手への「ごめんなさい」が不足していることです。

「ごめんなさい」不足って、どういうこと？　そう思いましたよね。

たとえば、こんな会話に心あたりはありませんか。

「『今日は早く帰ってきて』ってお願いしたよね。もう21時だよ」

「だって、しょうがないじゃん。急ぎの仕事が入ったんだから」

「連絡くらいくれてもいいのに」

「いや、そんな暇もなかったから」

日常でよくあるタイプの会話ですが、おそらく、このあとの2人の会話はピリピリした雰囲気で進んでいくはずです。言いあいになるかもしれません。

一方、同じ状況で、最初の返しが少しだけ違ったら、どうなるでしょう。

「『今日は早く帰ってきて』ってお願いしたよね。もう21時だよ」

「**本当にごめん！**」

「……なにかあったの？」

「実は、急に仕事を頼まれて……」

いつもこんなふうにスムーズにいくわけではありませんが、少なくとも最初の会話のようなピリピリした雰囲気はやわらぎますよね。

くわしくは、第1章（26ページ）でお話ししますが、相手とトラブルになりそうになったら、ひとまず「相手と自分、どっちが悪いか」は置いておいて、「**小さなごめんなさい**」を伝えることが最優先。

「でも」「だって」「しょうがなかった」といった言葉が先に口から出て、相手へのケアがおろそかになってしまうと、どんどん関係が悪化してしまうのです。

●やっちゃった「あと」が人間関係の最大の分岐点

この流れで、いきなりですが、私の結論をお伝えします。

もっとも効果的に、かつ劇的に身近な人間関係を好転させる方法、それは「ごめんなさい」をすかさず、軽やかに伝えることです。

相手との関係をよくしていくうえで、日頃から感謝の言葉を伝える、ねぎらう、ほめる、肯定する、挨拶をする、プレゼントを贈るといった方法も、もちろん効果はありますが、相手との関係がピンチの場面、つまり「ごめんなさい」が必要になるような場面で、どう対応するかによって、そのあとの関係が決まります。

やっちゃった「あと」が人間関係の最大の分岐点になるのです。

不祥事を起こした「あと」に言い訳や反論を繰り返して、辞職に追いこまれる政治家を見てもわかりますよね。普段、どんなにとりつくろえていても、「ごめんなさい」を言えないことが信頼関係の致命傷になるのです。

「ごめんなさい」は、短期的には、トラブル回避の潤滑油の役割を果たします。

そして、長期的には、身近な人との関係を、より強くしていく効果があります。つまり、もっと、もっと相手と仲よくなれるということです。

筋トレ経験のある方はご存じだと思いますが、筋肉は、負荷をかけることで筋繊維が傷ついて、それが修復していく過程で、強く、太くなるといいます。骨も、一度折れて治ったところは、折れる前よりも、強く、太くなるといいますよね。

人間関係も同じです。ピンチにおちいったときに修復する技術を知っていると、トラブルの前よりも、強く、太い関係を相手と結びなおすことができます。

この本でご紹介する「ごめんなさい」の技術を身につければ、あなたの身近な人間関係の悩みは確実に減っていくはずです。

●プロのコーチが「黒歴史」で学んだこと

申し遅れました。私、林健太郎と申します。

2010年にプロのコーチとして独立して、これまでに日本を代表する大手企業や外資系企業、ベンチャー企業、家族経営の会社などで、2万人以上のリーダーを対象にコーチングやリーダーシップの指導を行なってきました。

たくさんの方のお話を聞いてきたなかで、気づいたことがあります。

それは、本当に多くの方が、身近な人に「ごめんなさい」を伝えられていないことに後悔しながら生きているという事実です。

コーチングでは、よく「**未完了リスト**」というものをつくります。

「やろうと思っているけれど、やれていないこと」を紙などに書きだして、1つずつ実行に移していくものですが、このリストにしょっちゅう出てくるのが「あの人に謝りたい」「今さらだけど『ごめんなさい』を伝えたい」ということ。

自分に近い関係の人ほど利害関係が複雑にからんでいて、面倒くさく、やっかいなので、なかなか素直に謝れず、事態がどんどん深刻になっていくのでしょう。

私にも「ごめんなさい」を言えなかったことによる大きな後悔があります。

実は、私には3回の離婚歴があります。3人とも大切な存在でしたが、いつしかおたがいの気持ちが離れ、最後は関係が壊れてしまいました。その背景には、慢性的な「ごめんなさい」不足があったと、今ならわかります……。

離婚歴3回なんて、もちろん誇れることではありません。プロのコーチなら、なおさらです。人に言ってはいけない「黒歴史」だと思って生きてきました。

それなのに、なぜこの本で、はじめて告白するのか。


あなたに私と同じような失敗をしてほしくないからです。

大失敗を重ねてきた私が、「そんな対話をしていたら、大切な人が離れていきますよ」とお伝えすることで説得力が増すと考えました。


そして今、私は4度目の結婚をし、2人の子どもを育てています。

妻は、私のことを、こんなふうに言ってくれています。

「結婚する前は、ろくでもない男じゃないかと思っていたけど、今は違う。離婚3回という大失敗の経験があるからこそ、夫婦円満のコツをたくさん知っている人だと思っている。まあ、離婚3回の人は、なかなかいないけどね（笑）」

この本でご紹介する技術は、私自身の3回の離婚経験と、妻との日々の対話のなかでの気づきや発見もベースになっています。

●「ごめんなさい」が不足している日本の社会

私は、高校時代をアメリカで過ごしました。また、コーチングの世界に入るときもアメリカで修業を積みました。

そのため、アメリカの「簡単に謝ってはいけない」文化の影響を受けていて、かつては「自分が間違っていないと思ったら絶対に謝らない」どころか、「自分が少しくらい悪くても簡単に謝るべきではない」と本気で思っていました。

なぜ、その考えが変わったのかについては、第1章（62ページ）でお話ししますが、日本とアメリカ両方の社会を見てきて感じるのは、今の日本には「ごめんなさい」が、かなり不足しているということです。「**日本人は、すぐに謝る**」などと言われてきましたが、それも過去のものになりつつあります。

「**日本人は、自分の意見がない**」

これも、長らく海外の人からそう思われ、また日本人自身も自覚してきたことですが、グローバル化が進み、さらにSNSが私たちの日常の一部になっていったこの十数年で、日本人の「自己主張のスキル」は格段にレベルアップしています。

とてもすばらしいことですが、その結果、日本の社会には、あちこちで対立の構図が生まれるようになりました。

インターネットの世界は、その最たるものです。自分の正しさを主張して反対の意見を全力でつぶしあい、炎上騒ぎも日常茶飯事《さはんじ》。はやりの「はい、論破」というフレーズを、子どもたちまでがおもしろがって使っています。

これは、自己主張のスキルだけが発達して、相手とぎくしゃくしたときの「関係修復のスキル」が追いついていないことを意味しています。

たしかに、アメリカには「簡単に謝ってはいけない」文化がありますが、実は、それを補うコミュニケーションの技術もたくさんあります。それらを、自己主張のスキルとセットで身につけていくのです。

たとえば、エレベーターで他人と乗りあわせたとき、彼らは必ずニコッと小さく笑顔を見せます。あれは「私は危険人物ではない」というメッセージです。

少し一般化しすぎかもしれませんが、狩猟民族の子孫である彼らは「武装」が通常モードというか、彼らの生き方の根底には「自分の行動で領土や権利を獲得してきた」という強い思いがあるように思います。

だからこそ、仲よくしたい相手や、関係を続けていきたい人には、「私は危害を加えない人間ですよ」というメッセージを、おたがいに、こまめに送りあうのです。

また、「人種のサラダボウル」と言われるように、さまざまな文化的背景を持つ人たちが集まる国なので、「私は賛同できないけど理解はできるよ」「そういう見方もあるんだね」といったフレーズが、日常会話にたくさん出てきます。

日本人より、ずっと自己主張の強い人たちですが、それとセットで「おたがいにメッセージを送りあう」「違いを認める」といった考え方も社会に根づいています。

●「謝る」＝「負け」ではない

今の日本では、自己主張のスキルだけが急速に発達して、その結果、相手と意見が食いちがったり、反論されたりしたら、必要以上に相手を敵視して、全力で叩きのめそうとする――。そんな悲しいことが起こっています。

身近な人間関係で、そうなってしまうのは、あきらかに不幸です。

そんな状況を回避したいなら、ぜひ、この本で「ごめんなさい」の技術、つまり関係修復のスキルを身につけてください。

そして、身近な人との関係がうまくまわっていけば、あなたの人生の満足度は確実にアップしていきます。

なお、誤解のないようにお伝えしておくと、「ごめんなさい」を言うことは、妥協することでも、卑屈になることでも、相手に負けることでもありません。

「ごめんなさい」を伝えるかどうかは、あなた自身が決められます。

もし、あなたが「この関係は切れてもいい」と思うなら、「ごめんなさい」を言わない選択もできるということです。

そのうえで、もし伝えることを選ぶなら「技術」が必要です。この本では、だれもが身につけられるよう、基礎の基礎から丁寧にお伝えしていきます。

ぜひ、あなたにとって大切な人のことを思い浮かべながら、この本を読みすすめてみてください。

さあ、準備はいいでしょうか。

「ごめんなさい」の練習をはじめていきましょう。

林 健太郎

「ごめんなさい」の練習　目次

第2章

「ごめんなさい」を軽やかに伝える技術

第3章

「ごめんなさい」を上手に受けとる練習

装丁 小口翔平＋畑中 茜（tobufune）
編集協力 林 加愛
編集担当 桑田和也

第1章

なぜ私たちは素直に謝れないのか？

「ごめんなさい」には、2つの種類がある

●「大きなごめんなさい」と「小さなごめんなさい」

はじめに、これからこの本で語っていく「ごめんなさい」の種類について、お話しさせてください。

冒頭の「はじめに」のなかで、私は「たとえ自分が悪いと思っていないときでも『ごめんなさい』を言ったほうがいい」という意味のことをお伝えしました。

きっと、納得していない方もいらっしゃるはずです。

その違和感を解消していくうえで、まずは『ごめんなさい』には2つの種類があ

る」ということをお話ししていきたいと思います。

①大きなごめんなさい（I'm sorry）

２つの種類のうちの１つ目は、英語でいうところの「**I'm sorry**」です。

「なにを今さら。そんなこと知ってるよ」と思われたでしょうか。

ですが、この言葉であらわす謝罪の気持ちは、実はかなり「強め」です。

日本語で表現するならば、「ご迷惑をおかけして、誠に申し訳ございません」といった、かなりかしこまったイメージです。

たとえば、「企業の謝罪会見」のような雰囲気といえば伝わるでしょうか。

また、「I'm sorry」には主語があります。「『私は』謝罪する」と伝えていて、だれに責任があるのかを明確にしています。

つまり、１つ目の「ごめんなさい」（I'm sorry）は、重たくて、かしこまった、公式の謝罪の意味合いが出る「大きなごめんなさい」といえます。

②小さなごめんなさい（Oops, did I do something?）

一方、この本であつかう「ごめんなさい」は、重たくて、かしこまったものではなく、もっと普段使い用です。

英語でいうならば、**「Oops, did I do something?」**（あっ、私、なんかしちゃった？）のイメージです。

実際、アメリカでは、このフレーズをよく使います。

2つ目の「ごめんなさい」（Oops, did I do something?）は、「あっ、相手を不快にさせたかも」と思ったときに、すかさず入れるフォローのひと言で、「小さなごめんなさい」といえます。

「あっ」と思った瞬間に「ごめんなさい」のひと言があれば、それ以上おたがいがぶつからず、ぎくしゃくしかけた空気がふわっとやわらぎますよね。

普段使い用なので使用頻度が高く、身近な人といい関係をつくっていくときに、とても大切な役割を果たします。

●目の前の相手のことをただケアする言葉

「小さなごめんなさい」は、「相手と自分、どっちが悪いの？」といったことを追及せずに、目の前の相手のことをただケアする言葉といえます。

そう考えると、日本語の「ごめんなさい」は、とても便利です。

もちろん、そのまま謝罪の意味にもなるし、場合によっては「ごめんなさい。本当に助かりました」という感謝の意味や、「ごめんなさい。ちょっと通りますね」というように相手に自分の存在を伝える意味にもなります。

日本語は、全般的に「だれが」「だれに」「なにについて」といったことをはっきりさせないことが多いので、英語圏の人から「曖昧だ」とよく言われますが、この日本語の曖昧さは、相手のことをただケアするには、とても便利です。

●「小さなごめんなさい」がトラブルを未然に防ぐ

ちなみに、「大きなごめんなさい」が必要になりそうな場面でも、「小さなごめんなさい」は重要な役割を果たします。

かつて私が働いていたある企業では、お客様からクレームの電話を受けたときのガイドラインがあって、次のように対応していました。

- 会社として、簡単に過失を認めたり、補償を約束したりしてはいけない
- ただ、「お客様を不快にさせたこと」についてはお詫《わ》びをする

そう、謝るのは「お客様を不快にさせたこと」に対してだけ。クレームの内容や経緯がどうだったにせよ、お客様を不快にさせたことは間違いないので、そこについては「不快にさせて、すみません（ごめんなさい）」と謝罪するのです。

実際、最初に「小さなごめんなさい」をお伝えすることで、ほとんどのお客様の怒

りはおさまっていました。

人とトラブルになりそうになったら、すかさず「小さなごめんなさい」を伝えていくことで「大きなごめんなさい」を未然に防ぐことができるわけです。

間違っても「でもね、お客様」「これはルールですから」といった対応はＮＧ。相手のことをただケアする「小さなごめんなさい」ですむことが、場合によっては訴訟などの「特大のごめんなさい」につながることがあります。

「ごめんなさい」を「公式に謝罪する」という大きな意味でとらえると気が重くなりますが、「あっ、私、なんかしちゃった？」と目の前の相手のことをただケアする言葉として考えられると、少しイメージが変わりませんか。

人間関係にひびを入れる3つの要注意ワード

●謝るまでの時間を、できるだけ短くする

「相手を不快にさせたかも」と思ったら、すかさず「小さなごめんなさい」を伝えていく――そう提案している私も、謝ることの難しさは重々承知しています。

特に難しいのが「すかさず」という部分です。

「ごめんなさい」を伝えるときの最重要ポイントは、「気づいて↓謝る」までの時間を、できるだけ短くすること。この時間が短ければ短いほど効果的です。

1年後よりも1カ月後、1カ月後よりも1週間後、1週間後よりも1日後、1日後よりも1時間後、1時間後よりも今この瞬間です。

時間が経つほど、「ごめんなさい」のハードルは、どんどん高くなります。

「ごめんなさい」は、駅のホームにある「非常停止ボタン」のようなもの。「危ない！」と思った瞬間に、すぐに押すことが大切なのですが、これが本当に難しいのです。

ボタンを押して、すぐに立ちどまれたら被害は最小限ですむのに、反射的に相手に言い返してしまって、人間関係にひびを入れてしまいます。

特に、次の３つの言葉が出てきたら要注意！

人間関係にひびを入れる負のパワーワードです。

３つの負のパワーワード

「でも」「だって」「しょうがなかった」

たとえば、こんな会話に心あたりはありませんか。

「『朝、ゴミ出しといて』ってお願いしたよね」

「だって、しょうがないじゃん。急いでたんだから」

「分別も間違ってたよ」

「でもさ、ここのゴミ出しのルール、複雑すぎでしょ」

こんなふうに、人になにかを指摘されると「責められている」と感じて、すぐに言い訳や反論が出てしまいます。

そのときに最初に口から出てくる典型的な言葉が、「でも」「だって」「しょうがなかった」なのです。

日常のなかによくある何気ない会話ですが、「ごめんなさい」を言わずに言い訳や反論を繰り返していたらどうなるでしょうか。

そう、夫婦であれば、離婚の原因となるには充分です。3回もの離婚経験がある私が言うのですから間違いありません（笑）。

逆に、最初の返しが「あっ、本当にごめん！」だったとしたら、会話の雰囲気はガラッと変わっていたのではないでしょうか。

●謝ることは、人間の本能にさからう行為

なぜ私たちは、すかさず「ごめんなさい」を言えないのでしょうか。

答えは簡単、言いたくないからです。


人間は、そもそも「ごめんなさい」を言いたくない生き物だといえます。


なぜなら、「ごめんなさい」が必要な場面というのは、相手から怒りや不満をぶつけられる状況であって、人間にとって１つの危機だからです。

「責められている！　だから反論しなきゃ」と考えるのは、危機に直面して自分を守ろうとする、生き物としての自然な反応です。

逆にいうと、危機に直面して立ちどまるのは人間の本能にさからう行為で、とてもストレス度の高いことだといえます。

それでも人に謝るのは、人間が社会的な生き物だからです。

小さな子どもは、「ごめんなさい」とは無縁の自我だけの存在です。「自分は悪くない」という本能に忠実に従って生きています。

ですが、保育園や幼稚園、小学校などの社会に参加していくなかで、自分以外の存在を意識するようになり、ときに「相手を怒らせたかな」「悲しませたかな」と動揺しながら「謝ったほうがいいのかな。でも嫌だな」という葛藤を味わいます。

そうやって、そのつど失敗しながら学習していきます。

つまり、「ごめんなさい」というのは、子どもから大人へと成長・成熟するにつれて獲得していくコミュニケーションの技術といえます。

●歳をとると素直に謝れなくなる理由

基本的には、人生経験を重ねるにつれて発達していく技術ですが、一度獲得した「ごめんなさい」の技術を手放してしまう人も一定数います。

あなたのまわりにも、「歳をとるほど頑固になって謝れなくなる人」「権力や社会的地位を手にして急に高圧的になった人」「あきらかに自分が悪いのに絶対に謝らない上司」などがいませんか。

そうなってしまうのは、たとえば、「謝らなくても、なんとかなった」「相手が先に謝ってくれたから、自分は黙っていてもいい」「謝ると、かえって面倒なことになる」といった経験をして、そこからよくない方向に学習してしまったからです。

人間は、ついラクな方向へと流れがちです。「ごめんなさい」の技術も、努力しつづけないと「衰える」のです。

「ごめんなさい」は、人間関係の長期投資

●将来、大きなリターンが待っている

先ほどお伝えしたように、「ごめんなさい」が必要な場面というのは、とてもストレス度が高い、人間にとっての危機的状況です。

しかも、「ごめんなさい」を伝えた先に、報酬があるかどうかは未知数。謝ったからといって相手が許してくれるかどうかはわからないし、「謝って損した」というケースもあると思います。

ただ、それはあくまで「短期的には」です。

長期的にはリターン「しか」ありません。

「小さなごめんなさい」は、人間関係の長期投資だと私は思っています。

特に、身近な人間関係（たとえば、夫婦、親子、上司、部下、同僚、先輩、友人、恋人など）において、「ごめんなさい」を必要な場面できちんと伝えられていると、あとで振り返ったときに、とんでもなく大きなリターンを手にしていることに気づきます。

そのリターンとは、たとえば次のようなことです。

①相手のことを深く理解できる

普段、人の価値観やコンプレックスなど、その人の「核心」にふれる機会は、身近な関係においても、ほとんどないのではないでしょうか。

普段の会話は、たわいのないもの。相手の深い話は大切ではあるのですが、通常時には重すぎるわけです。

ですが、相手を不快にさせたり、怒らせたりといった異変時、つまり「ごめんなさい」が必要な場面では、相手の深い部分が自然と出てきます。

相手が異変時に発する言葉や思いには、その人の価値観や大切にしていること、されて嫌なこと、コンプレックス、これまでの人生などがつまっているのです。

くわしくは第2章でお話ししていきますが、相手とトラブルになりそうになったときに「ごめんなさい」のひと言で立ちどまって、相手の価値観や真意を知ることができると、相手との関係性がぐっと深まります。

おたがいにヒリヒリするような思いを味わいますけどね（笑）。

つまり、「ごめんなさい」は、相手の深い部分への扉を開く言葉でもあるのです。

逆に、異変時に「ごめんなさい」を言わないまま、相手と向きあうことを避けていると、問題は先に持ちこされ、どんどん大きくなっていきます。

そういった関係が、1年、3年、5年と続いていくと、どうなるでしょうか。私が3度離婚した大きな原因も、ここにあったと今ならわかります……。

相手に「ごめんなさい」を伝えることは、とてもストレス度が高く、また勇気のいる行為ですが、おたがいをより深く知るチャンスにもなるのです。

②相手と対等な関係を結べる

「ごめんなさい」を言いにくくしている壁のなかで、もっともやっかいなのが、「相手に優位に立たれたくない」心理です。

「謝った側が負け」のような気がして、つい「でも」「だって」「しょうがなかった」といった言い訳や反論が出てくる、あの状態です。

たしかに、短期的には相手に負けた気分になるかもしれませんが、長期的には「ごめんなさい」を伝えたほうが、相手と対等な関係を結びやすくなります。

なぜなら、先ほどお伝えしたように、「ごめんなさい」をきっかけに、相手の深い部分を知ることができて、本音で語りあえる「仲間」になれるからです。

夫婦なら同志に、友人なら親友と呼べるような関係になっていくでしょう。

「ごめんなさい」を重ねていった関係というのは、一時の「勝った、負けた」を気にする「もろい関係」とは別次元のものになります。

③人生の質が上がる

私のコーチングのセッションでは、お客様に「やろうと思っているけれど、やれていないことは、どんなことですか?」とお聞きすることがあります。

そこでは、たとえば、「返信していないメールがある」「捨てようと思っているけど捨てられない思い出のものがある」「お隣さんにまわさなきゃいけない回覧板を1週間もとめている」といった感じで、さまざまなことが語られます。

お話を聞きながら、「やろうと思っているけれど、やれていないこと」を実際にお客様に行動に移してもらうのも私の仕事の1つなのですが、その過程で「できた!」「やれた!」という報告をいただく瞬間のお客様のスッキリした表情やエネルギーみなぎる姿に、逆に私が勇気をもらっています。

そして、その会話のなかで、たびたび出てくるのが「あの人に謝りたい」「今さらだけど『ごめんなさい』を伝えたい」という言葉です。

本当に多くの方が、だれかに「ごめんなさい」を伝えられていないことに後悔しながら生きているのです。

その後悔とちゃんと向きあい、勇気を出して相手に「ごめんなさい」を伝えられたとしたら、なにが起こるでしょうか。

「ごめんなさい」をきっかけに人生が好転して、確実に人生の質が上がります。

相手の反応がどうだったにせよ、「ごめんなさい」を伝えられた自分への信頼感が高まり、それはその後の人生の大きな支えになってくれるのです。

謝るかどうかは、あなたが決められる

●「論破」は、人間関係を破壊する最悪な方法

前の項目で「『ごめんなさい』は、人間関係の長期投資」とお伝えしました。

これはつまり、「その人間関係に投資するかどうか」は、あなたが自分で決められるということを意味しています。

もし、あなたが「この関係は切れてもいい」と思うなら、「ごめんなさい」を言わないという選択もできるということです。


相手に「ごめんなさい」を伝える行為は、「これからも、あなたと関係を続けてい

きたい」という意思表示になります。

逆に、「ごめんなさい」を言わないというのは、相手との関係に小さな「ひび」を入れていく行為だということを認識しておいてください。

わかりやすいのが、「**陶器の壺《つぼ》**」を想像してみることです。

相手に「ごめんなさい」を伝えなかったり、「でも」「だって」「しょうがなかった」といった言い訳や反論で乗りきったりするたびに、壺に少しずつダメージが加わって、ひびが入っていくイメージです。

１回では壺はわれないでしょう。

１００回でも、まだ大丈夫かもしれません。

１０００回なら？　次の１回で粉々にわれるかもしれません。

「論破」の破壊力は、それ以上です。

10回、いや5回で壺の寿命がくるかもしれません。

論破というのは、自分とは異なる意見を持つ相手を「おまえは間違っている！」と一方的にねじふせる、きわめて強引な方法です。

論破された相手は、一見納得した顔をしているように見えても、内心は「この人には近づきたくない」「もう関わりたくない」と思っているはず。

「ごめんなさい」が必要な場面というのは、「この人との関係を、これからも続けていきたいか」を問われている分岐点に立っているともいえます。

あなたにとって、目の前の相手は、どれくらい大切な人でしょうか。

●「謝れば許してくれる」と考える危うさ

「相手とのこれからの関係は自分で決められる」というお話をするときに、私がいつも考えることがあります。

普段、ビジネスパーソンのコーチングをするなかで、しょっちゅう耳にする言葉があります。「仕事を通して、だれかに感謝されたい」「お客様や同僚に『ありがとう』と言われたい」といったものです。

その気持ちは、よくわかります。相手に感謝という報酬を求めることは、人間にとってごく自然な感情です。

ですが、一方で「危ういな」とも感じます。

なぜなら、相手が感謝してくれるとは限らないからです。

その人が、そのときたまたま忙しかったり、落ちこんでいたり、イライラしていたりして「ありがとう」を言ってくれない可能性は充分にあります。

相手の感情は、こちらではコントロール不可能。そこを仕事のモチベーションにしてしまうのは、ある意味「弱い状態」だと私は思うのです。

「ごめんなさい」も、同じようなものだと思います。

こちらの「ごめんなさい」に対して、相手がどう反応するかは、相手の領域内のことで、どうにかできるものではありません。

許すか許さないか、謝罪を受けとるか受けとらないか、笑ってくれるか、さらに怒るか……それを決めるのは相手の自由です。

だからこそ、「謝ったら許してくれるはず」と期待したり、「謝ったのに、なんなんだよ、あの態度は！」と腹を立てたりするのは、「ごめんなさい」を伝えるときの心がけとしては「弱い状態」だと思うのです。

●相手の反応にかかわらず、自分の思いに集中する

厳しいことをお伝えして、それこそ「ごめんなさい」。

ですが、この話をなぜしたのかというと、相手に「ごめんなさい」を伝えるハードルがぐっと低くなるからです。

「人の感情はコントロールできない」という事実を心得ておくと、相手の反応に振りまわされずに、自分の思いだけに集中できます。

「あなたが許してくれるかどうかにかかわらず、私は、あなたとの関係を続けていきたいと願っています。その思いを『ごめんなさい』という言葉に託して、あなたに伝えたいと思います」

心のなかで、そんなふうに考えるイメージです。

報酬を求めずに「ごめんなさい」を相手に伝えるのは、「自分軸」で動けるということであり、こちらが自由でいられることなのです。

相手からどんな反応が返ってくるにせよ、「ごめんなさい」を伝えるかどうかの選択権は、いつもあなたが持っています。

やっちゃった「あと」に人の真価が問われる

●危機への対応に「個性」「人となり」が出る

「ごめんなさい」は、仕事の強力な武器にもなります。ピンチの場面でこそ、人の真価が問われるからです。別の言葉でいえば、**「個性」「人となり」**が出るといえます。

やるべき仕事を滞《とどこお》りなくおわらせるという通常運転の範囲内では、その人らしさはほとんど表に出ることはありません。あるいは、成果が出た場合も、そこでわかるのは優秀さであって、その人の個性や人となりではありません。

一方で、なにかミスやトラブルがあった場合は、どうでしょうか。

危機への対応には、その人の個性や人となりが、はっきりと出るものです。

そして、そのあとの相手との関係性が大きく変わっていく可能性があります。

対応が悪ければマイナス１００点ですが、よければプラス１００点になることもある。その場合、トラブルがなかったことになるどころか、信頼や好意を得られるチャンスになります。


つまり、ピンチのときこそ、相手と深い関係を結べる可能性があるのです。


今では、ほとんど見かけなくなりましたが、かつては、相手との関係を深めるために「わざと非常事態をつくる人」がいました。

私が20歳のころ、母が経営する印刷所で営業をしていたときのことです。

お客様から「おい、注文と違うぞ！　どうしてくれるんだ！」などと、怒りの電話がしょっちゅうかかってきました。

正直、そういった電話のほとんどは、言いがかりのようなものでした。「指定した色と違うじゃないか！」と言われて、内心「うーん、同じだけどな……」。とはいえ、そこで「それは誤差の範囲内ですよ。間違いじゃありません」などと言ってしまうと即アウト！　得意先を１つ失うことになります。

逆に、「うわぁ！　ごめんなさい。本当に違いますねぇ」と言えば、「しょうがねぇな！　今回は大目に見てやるよ」となるわけです。

そのひと言が、「合格。これからもよろしく」というサインです。

面倒くさいですよね（笑）。

今なら「カスタマーハラスメント」と言われそうな話です。

ですが、その気持ちもわからないわけではありません。

これは私の経験を元にした見解ですが、印刷物のクオリティーは、どこの業者に頼んでも似たり寄ったりで、ほとんど差が出ないと思っています。

それならば、好感の持てる個性や人となりを持つ人間と仕事がしたいと思うのが人情でしょう。

令和の世では、ここまで露骨なやりとりはないかもしれませんが、たとえ時代が変わっても「この人と仕事をしたいかどうか」の基準に、個性や人となりは、とても大きな要素でありつづけるでしょう。

●ピンチをチャンスに変えた母の「ごめんなさい」

また、別のときには、こんなこともありました。

ある日、私はお得意先の名刺を断裁していて、少しだけ「台形」にゆがんでしまったことがありました。

お客様に納品をするときに、私はこう言い訳してお渡ししました。

「断裁機には誤差が生じることがありまして……」

すると、お客様はカンカンに。「社長を呼べ！」と怒声が飛びました。

そこで登場した社長（母親）の対応はというと……。

「あら〜、たしかに曲がってる。ごめんなさい！　でも、珍しいんじゃない？　こんな台形の名刺を持っている人いないですよ」

「これはお客様がさらに怒るぞ……」と、びくびくしながら横で聞いていると、お客様は「それもそうだな。ガハハ。おもしろいから、だれかに渡してみよう！　いいネタをありがとう」と笑っているではないですか！

当時の私は「えっ、本当にこれでいいの⁉」とびっくりしましたが、今ならわかります。母は「ごめんなさい」の技術を使って、ピンチをチャンスに変えたのだと。

そう、「ごめんなさい」には、状況をひっくり返す力があるのです。

●謝れるリーダーは部下から尊敬される

もし、あなたが職場で部下を持つ立場なら、ぜひ「ごめんなさい」を言えるリーダーを目指してみてください。

今は昔と違って、「俺についてこい！」という強権型のワンマンリーダーの時代ではありません。

部下と対等な関係を結んで、自分が間違ったらきちんと謝れる人に、若い人はついていきたいと思っています。

どんな優秀なリーダーでも間違うことはあります。間違ったときは、むしろ「これは『ごめんなさい』を伝えるチャンスだ！」と考えてみませんか。

たとえ間違っていなくても、普段から「ごめん、今いい？」「ごめん、伝え方が悪かったね」といったひと言がサラリと出てくる人は、部下といい関係を築くことができます。上司の様子を、部下はちゃんと見ているのです。

リーダーが謝れる人になれば、部下たちも謝れるようになります。

「小さなごめんなさい」が自然と交わされるような職場には、心理的安全性が生まれます。メンバー同士が責めあうことなく、リラックスしながら、おたがいの力を出しあえる職場では、成果も出やすいでしょう。

仕事では頭を下げられても、家族には謝れない人の心理

●なぜ身近な人ほど謝りにくいのか？

仕事では頭を下げたり、謝ることができたりしても、家族には素直に「ごめんなさい」を言えないという人がいます。

部下や同僚にきちんと謝れる人でさえ、パートナーや子どもに対しては謝りにくいと感じている人が少なくありません。

そこには、どのような心理が働いているのでしょうか。

考えられるのは、次の3つです。

①ついボロが出てしまう

仕事で「ごめんなさい案件」が発生する頻度は、多くても月に数回でしょう。

一方、家族となると、その頻度が一気に跳ね上がります。

「トイレの電気、消してよ」「お風呂場で、ちゃんと体を拭いてから出てよ」「トイレットペーパーの芯、そのままにしないで」「ゴミ、ちゃんと捨てて」……など、１日のなかでも数回、多いと数十回も起こります。

仕事とは、コミュニケーションの頻度も密度も桁違《けたちが》いだからです。

そうなると、仕事ではとりつくろえていたのに、「でも」「だって」「しょうがなかった」といった言い訳や反論の言葉が、つい口から出てきます。

そんなふうにして、家族にはついボロが出てしまうのです。

②そもそもの期待値が高い

だれしも、いちばん身近な存在である家族に対しては、「こうあってほしい」「こうしてほしい」という理想や願いがあります。

家族は、仕事上での相手よりも、そもそもの期待値が高いのです。

部下に対しては「ああ、ごめん。これじゃ伝わらないよね」と言えても、家族に対しては「これくらいわかってよ」「こっちのことも考えてよ」「言わなくてもわかるでしょ」といった甘えが出てしまいます。

③関係がずっと続いていく

仕事での関係は切ろうと思えば切ることもできるので、「まあ、その場しのぎで適当に謝っておけばいいや」という選択もできます。

ですが、家族はずっと続いていく関係です。そういうわけにはいきません。

「あ〜、ごめん、ごめん」と適当な返事をしたら、「なにに怒っているかわかってないでしょ！」「全然気持ちがこもってない！」「口先だけで謝っても意味ない！」なんて返ってくるでしょう。適当に謝ると、すぐにばれてしまうのです。

実際に適当さが家族にばれて面倒になった経験をした結果、「ちゃんと謝ろう」ではなく「下手に謝ると、またやっかいなことになるから黙っていよう」という、よくない方向への学習につながるケースもあります。

以上、３つのどれかに思いあたることはありませんでしたか。

仕事では「立場があるから」「この人に反論すると面倒だから」といった損得勘定が働くので謝りやすいのですが、より純粋な意味での身近な存在であり、もっとも大切にしたいはずの家族ほど「ごめんなさい」を言いにくいのです。

●コミュニケーションの３つの起点

たしかに、家族にはなかなか謝りにくいのですが、私は家族にこそ「ごめんなさい」をいちばん伝えてほしいと思っています。

なぜなら、家族に「ごめんなさい」を言えると、そこを起点に「ごめんなさい」の輪が外にどんどん広がっていくからです。

私は、社会を変えていく可能性のあるコミュニケーションの起点には、次の３つがあると考えています。

コミュニケーションの3つの起点

①夫婦　②親子　③上司・部下

この3つに共通するのは、次の世代に継承されていくという点です。

毎日、子どもが目にする夫婦のやりとりは、将来、その子どもが自分のパートナーと接するときのスタイルに強く影響を与えるでしょう。

親子のコミュニケーションも同じです。子どもは、自分の親と同じスタイルで、自分の子どもに接する可能性が高くなります。

部下がはじめてできた人は、自分がこれまで指導されてきた上司のコミュニケーションスタイルを、意識的にも無意識的にも参考にします。上司が謝らないタイプであれば、自分もそうなる可能性が高くなるのです。

●自分に近いところから変化を起こしていく

このコミュニケーションの3つの起点は、10～20年のサイクルで次の世代に受け継がれて、同じような文化を再生産していきます。

もし今、あまりよろしくないコミュニケーションがされているとすれば、10～20年後の次の世代にまで影響を与えることになるのです。

その負の連鎖を、あなたは断ち切ることができます。

家族というういちばん近い関係で、これまでのコミュニケーションのやり方を変えることができれば、次の世代が変わり、社会が変わり、未来が変わります。

そんなふうに家族のなかで身につけたことは、仕事や職場でのコミュニケーションにも大きな影響を与えていくでしょう。

とても大きな夢ですが、私は「ごめんなさい」をきっかけに、10年後、20年後の未来を変えて、よりよいものにしていきたいと思っています。

「悪くないのに謝るなんて」という考えが変わった理由

●日本の「すぐに謝る文化」への強烈な違和感

「ごめんなさい」について、こんなに熱く語っている私も、かつては「ごめんなさい」をまったく言えない人でした。

「はじめに」でもお伝えしたように、高校時代をアメリカで過ごした私は、「自分が間違っていないと思ったら絶対に謝らない」どころか、「自分が少しくらい悪くても簡単に謝るべきではない」と本気で思っていました。

アメリカから帰国後、日本の会社で働きはじめた私には、当然、日本の「すぐに謝る文化」への強烈な違和感がありました。

生意気な若者だった私は、上司に毎日のようにつっかかっていました。

「なんですぐ謝るんですか⁉」

「悪いのは向こうですよね⁉」

「悪くないのに謝るなんておかしいですよ！」

とにかく「すぐに謝る日本人は、どうかしてる」と思っていました。

そんな私が、どうして変わったのかを、この章の最後にお話しします。

私の変化の歴史を大まかにまとめると、次の3つの時期がありました。

■第1期：悪くないのに謝るのはおかしいので謝らない

■第2期：悪くないのに謝るのはおかしいと思うが処世術として謝る

■第3期：「悪くないのに」という発想自体を見直す

前にお話しした「わざと非常事態をつくるお客様」への対応は、第2期にあたります。口では謝りつつも、内心はモヤモヤしていたわけです。

第3期に入ったのは30代。きっかけはコーチングを学びはじめたことでした。

●「リカバリー」を目的にした「ごめんなさい」

私のコーチングの師匠であるアンソニー・クルカス氏はオーストラリア人です。

彼との対話中、私はよく「これって英語でうまく表現できないな。英語にはないニュアンスの言葉なんだ」と言っていました。

ところが、ある日、そんな私の甘さを彼はビシッと指摘します。

「健太郎。英語にない言葉なら、ちゃんと言いまわしを考えて。私にも意味やニュアンスが伝わる表現にしていかないと」

それ以来、私は単に日本語と英語を置きかえるのではなく、その言葉の意味やニュアンス、そして「**目的**」の違いを強く意識するようになりました。

「ごめんなさい」には「大きなごめんなさい」と「小さなごめんなさい」の２つの種類があると気づいたのも、目的の違いを考えたからでした。

アメリカから帰国してから、日本の「ごめんなさい」に対して、ずっとモヤモヤした思いがありましたが、それは「ごめんなさい」を「自分の非を認めて謝罪する」という目的を持つ言葉だと考えていたからでした。

そうではなく、目の前の相手のことをただケアして、関係を再びなごやかにするための「**リカバリー**」を目的にした「ごめんなさい」もあるのだと気づいたのです。

相手との関係をよりよくしていくという目的のためなら、「相手が悪いか、自分が悪いか」は、あまり重要ではない――。そう思うようになって、「ごめんなさい」を言うことに抵抗がなくなりました。

Column 1

「やっちゃった！」を楽しもう

4月のことです。

小学2年生になった娘が、新しい教科書を持って帰ってきました。

「教科書に自分で名前を書いてる」と言うので、ふとのぞきこむと……。

なんと、教科書の裏表紙が真っ黒！

油性ペンではなく水性ペンで書いてしまったので、手でこすれて裏表紙全体が黒くにじんでしまったのです。

「こんなの学校に持っていけない」と泣き顔になる娘。

私の返事は「それじゃあ『ごめんなさい』って言えばいいんじゃない？」。

特大の「えーっ！」が返ってきました。

「おもしろいよ。教科書を最初からこんなに汚してる同級生、たぶんいないよ」

「えっ、これ、おもしろいの？」
「すごくおもしろいよ」
「そうなんだ。じゃあ、『ごめんなさい』って言う」

ちょっとしたやりとりでしたが、「これは『ごめんなさい』を言いやすくなるヒントになるぞ」と思いました。

子どもも大人も、なにかを失敗したときに「なかったことにしたい」と考えてしまいますが、「おもしろい」「ネタになる」と思ったら、軽やかに「ごめんなさい」が言えるのではないでしょうか。

こそこそ隠れてごまかすよりも、「やっちゃいました！　ごめんなさい」と言えるほうが、まわりも笑えて気持ちよく許せるものです。

あなたもぜひ、なにか失敗するようなことがあったら、「これはネタになる」と考えて大いに人に披露《ひろう》してみてください。

次の第2章でお話ししていきますが、「ごめんなさい」は軽やかに伝えるのがポイントです。

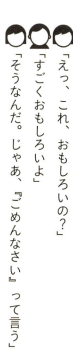

第1章のポイント

○「ごめんなさい」には、2つの種類がある
○「大きなごめんなさい」は、かしこまった公式の謝罪
○「小さなごめんなさい」は、相手のことをただケアする言葉
○「気づいて→謝る」までの時間を、できるだけ短くする
○「夫婦」「親子」「上司・部下」がコミュニケーションの起点

第2章

「ごめんなさい」を軽やかに伝える技術

ステップ0

声に出して慣れる

●「ミニマムごめんなさい」で準備運動

ここからは、いよいよ具体的な技術についてお話ししていきます。

第1章でお話ししたように、「ごめんなさい」を伝えるときの最重要ポイントは、「気づいて↓謝る」までの時間を、できるだけ短くすることでした。

「あっ、相手を不快にさせたかも」と思ったら、すかさず「ごめんなさい」を伝えていく反応力が欠かせません。

この反応力を身につけていくには、とにかく「ごめんなさい」という言葉を実際に声に出して、言い慣れておくことが大切です。

「ごめんなさい」「ごめんね」「ごめん」と発すること自体に慣れていないと、いざというときにすぐ言葉が出てきません。

部屋に１人でいるときに、何度もつぶやくのもいいでしょう。

ただし、とてもあやしいので、まわりに人がいないかを、しっかり確認してからにしてください（笑）。

それ以外の方法もお伝えしておきますね。

この本では「小さなごめんなさい」をテーマにしていますが、実はそれよりも、もっと小さな「**ミニマムごめんなさい**」が存在しています。

「ミニマムごめんなさい」とは、たとえば次のようなものです。

●「ミニマムごめんなさい」の一例

話しかけるとき

「ごめんなさい、今ちょっといいですか」

自分の存在を知らせるとき

「ごめ〜ん、うしろ通りま〜す」

助けを求めるとき

「ごめんね、それとってくれるかな」

自分のせいではないけれど、相手をがっかりさせたとき

「ごめん、あのケーキ、売り切れてた」

こうした「ごめんなさい」の使い方は、あなたもよくしているかもしれません。

これらはいずれも、自分が悪くなくても謝っていますよね。つまり、この本でご紹介してきた「目の前の相手のことをただケアする言葉」として使っています。

あきらかに自分に非がなく、相手もそのことをわかっている場合であれば、軽やかに「ごめんなさい」を伝えられているのではないでしょうか。

これを、相手とぎくしゃくしそうになったときにも広げていきましょう。

心理的負担の小さい「ミニマムごめんなさい」を日常でたくさん使うことは、「ごめんなさい」の技術を身につけていくうえで、とてもいい準備運動になります。

それでは肩慣らしができたら、具体的な技術の話へと移りましょう。

この本のテーマである「小さなごめんなさい」は、先ほど例にあげた「ケーキの売り切れ」とは違って、相手から「あなたが悪い！」と思われている場面を想定しています。

すると、相手に責められていると感じて、「自分を守らなきゃ！」という本能が働いて、謝りにくくなる。この仕組みは、第1章でお話しした通りです。

あなたは、これから、そこをこえていきます。深刻にならず軽やかに、誠実に、自分にも相手にも嘘をつかずに――。

難しいと思うかもしれませんが、必ずできます。

楽しんで学んでいきましょう。

「ごめんなさい」の伝え方

前編

●相手との関係を元に戻すことからはじめる

「ごめんなさい」の技術には、次の7つのステップがあります。

●前編・ステップ1〜4

内容 **「ごめんなさい」をどう伝えるか＝「伝え方」**

目的 **相手との関係を再びなごやかにする**

●後編・ステップ5〜7

内容　「ごめんなさい」を伝えたあとに、どう話を進めるか＝「対話術」

目的　相手との関係をより深める

相手との関係を深めていく極意は後編のステップにありますが、まずは前編のステップで一度ぎくしゃくした相手との関係を元に戻すことからはじめます。

「小さなごめんなさい」は、相手の心の扉への最初のノックです。

コンコンコンとノックして相手に扉を開いてもらえると、関係を深めていく後編のステップもスムーズに進んでいきます。

ステップ1

動きをとめて相手を見る

●相手は、どんな顔をしている？

まずは、相手から出ている「**不快サイン**」に気づくことからはじめましょう。いかにすばやく「あっ、相手を不快にさせたかも」とピンとくるかが勝負です。

不快サインに気づくには、「動きをとめて相手を見る」ことが必要不可欠です。

なぜ、動きをとめる必要があるのでしょうか。たとえば、相手から「いいですよ」と言われたとします。スマホ片手に相手の顔を見ずに言葉を受けとれば「Ｙｅｓ」の意味ですが、顔を上げたら鬼の形相だったということもありえるからです。

つまり、表情や状態を目視しないと、相手の感情は意外とわからないのです。

相手を見るときに大切なのは、「**口の動きも完全にとめる**」ことです。私たちの口からは、つい反射的に「でも」「だって」「しょうがなかった」が出てくるので、眼球以外のすべての動きを一度ストップさせるくらいでちょうどいいでしょう。

たとえば、相手が出す不快サインには、次のようなものがあります。

●不快サインの一例
■表情が曇《くも》る、不機嫌な態度を示す
■「えっ……」「あ～」など戸惑った反応がある
■「それって、どういう意味!?」など攻撃的な返事をされる
■「どうして○○したの!?」と尋問調になる
■会話がとまる、返事をしなくなる

まずは、このような不快サインを察知する習慣を身につけていきましょう。

●空間認識能力が低い人は読点「、」が多い

相手がどう思っているかを察知するこの能力のことを、私は「**空間認識能力**」と呼んでいます。同じ空間にいる人との心理的距離をはかる力です。

日本では、いつも「空気を読んで」「言わなくても察して」と求められるので、この能力をある程度備えている人も多いのですが、人によってかなり差があります。生まれつき周囲のことに気づきやすい人もいれば、まったく察知できない人もいます。

また、仕事ではよく気がつくタイプと評価されている人が、家族からは「全然、気づいてくれない」「わかってくれない」と言われていることもあります。

ですが、安心してください。この能力は、後天的に鍛えることができます。

これは私の日頃の観察結果からの持論ですが、空間認識能力が低い人は「ひと息で長くしゃべる」傾向があります。読点「、」だらけで、句点「。」が極端に少ない話し方をしている場合が多いのです。

まずは、自分の話し方のクセを観察してみてください。そして、もしあなたの話し方が「、」だらけなら、その「、」を「。」に変換してみてください。

次のようなイメージです。

●変換前：読点「、」多め

「今日は暑かったから、なるべく部屋のなかにいるようにして、熱中症にならないように気をつけたんだけど、それでもこの暑さはしんどいね」

●変換後：句点「。」多め

「今日は暑かった。なるべく部屋のなかにいるようにしたんだよね。熱中症にならないように気をつけてさ。それでも、この暑さはしんどいね」

こうやって「。」を増やすと、そこでいったん話に区切りができて、会話にすきまが生まれます。すると、相手の様子を見るタイミングができて、今、相手がどんな状態にあるのか気づきやすくなるのです。それでは、ステップ２に進みましょう。

ステップ2
会話のすきまを探す

●「申し訳ない」という深刻さは必要ない

ステップ1で相手から出ている不快サインに「あっ」と気づいたら、すかさず「ごめんなさい」を伝えていくのが次のステップです。

そのとき、「ごめんなさい」は「淡々と」伝えてみてください。「淡々と」というのは、「バケツリレー」のようなイメージです。

一列に並んだ人が水の入ったバケツを次々と渡していくものですが、前の人から渡されたバケツを、あまり深く考えないままに次の人に渡せば、あなたの役割はおわりですよね。そんなイメージを持つと「ごめんなさい」はうまくいきます。
深刻になってしまうと、発想が「相手と自分、どっちが悪いか」という「大きなごめんなさい」の方向に、ぐっと傾いてしまいます。これでは「ごめんなさい」を言うハードルが一気に上がってしまい、なかなか言葉が出てきません。

ちょっとオーバーな言い方になりますが、「ごめんなさい」に「申し訳ない」という感情をのせずに、息をするように、ただ言葉を発するだけでOKです。

「小さなごめんなさい」は、目の前の相手のことをただケアする言葉で、「Oops, did I do something?」（あっ、私、なんかしちゃった？）のイメージでしたね。
そのことを思い出してください。「こちらが悪うございました」という深刻さは必要なく、とりあえず言ってみるくらいの軽い感じでちょうどいいのです。

「申し訳なさ」よりも、いかにすかさず伝えるか。なによりスピードが大切です。

●相手の言葉が途切れる瞬間を待つ

相手にすかさず伝えることが大切といっても、「ごめんなさい」をはさむタイミングが難しい場合もあると思います。

相手が黙っていたら、そのまま「ごめんなさい」を伝えればOKですが、相手が話しつづけている、というより怒ってまくしたてているパターンもあるでしょう。「今のなに!?」「どういう意味!?」「よくそんなこと言えるよね！」「なんでいつもそうなのかな。だいたいあなたは……」といった感じです。

そんなときは「会話のすきま」を探してみましょう。ここでも、相手の言葉が途切れる瞬間、文章のおわりの句点「。」を待ってみてください。

どんなにまくしたてていても、文章のおわりでは一瞬、言葉が途切れます。その一瞬の「。」をめがけて、「ごめんなさい」をポンと投げこむイメージです。

「。」を探す目的は、相手の言葉をさえぎらないことにあります。

相手がしゃべっているところにかぶせるようにして「あ～ごめん、ごめん！　もうしないから」なんて言ってしまうと確実に失敗します。

それでは「小さなごめんなさい」ではなく「うるさいな～。もう黙ってよ」とほぼ同じ意味になってしまい、相手をますます不快にさせてしまうのです。

たとえ、最初の「。」で「ごめんなさい」を伝えられなくても大丈夫です。「ごめんなさい」のチャンスは、何度もやってきます。

最初の「。」を逃《のが》したら、次の「。」を待ってみる。それも逃したら、また次の「。」を待つ。あせらずに、相手の言葉が途切れる瞬間を待ってみましょう。

相手の言葉をさえぎることなく「ごめんなさい」を伝えられたら、ステップ２はクリアです。

ステップ3 責任範囲を限定して謝る

●「ごめんなさい」は2回伝えると効果が高まる

ステップ2で、会話のすきまを探してタイミングよく「ごめんなさい」を伝えられたら、相手は内心「おっ、謝る気はあるんだ」と感じているはずです。

そして、ひとまず動きをとめて、黙ることが多いと思います。「よし、なにを言うか聞いてやろう」と待ちかまえるわけです。

そんなふうに相手の様子に少し変化を感じたら、今度は心をこめて丁寧に「ごめんなさい」を伝えてみてください。ここで、しっかり誠意を示しましょう。

そのときのコツは、「**視線**」の合わせ方にあります。

人は「ごめんなさい」を言うとき、たいてい相手から目をそらしたり、目線を下に落としたり、あらぬ方向を向いたりしています。

気まずい場面なので、そうしたくなる気持ちはとてもよくわかりますが、「ごめんなさい」の言いおわりを少し工夫するだけで、印象がぐっと変わります。

「ごめんなさい」なら「い」のとき、「ごめんね」なら「ね」のとき、「ごめん」なら「ん」のとき、つまり最後の1音を発するときに、ちらっと顔を上げて相手の目を見てみてください。

これだけで相手に伝わる印象は大違いです。最後に目を合わせるだけで、真剣さや誠実さが相手にきちんと伝わります。

このアイコンタクトは、「あなたと関係を結びなおしたい」というメッセージになるのです。

●相手を不快にさせたことだけを謝る

「ごめんなさい」を言いやすくするコツは、すべてについて謝るのではなく、責任範囲を限定して「相手を不快にさせたことだけを謝る」ことです。

私は現在、2人の子育ての真っ最中なのですが、2人がけんかをして、それを仲裁することがあります。

そのときに、たとえば、弟のほうに「お姉ちゃんに謝ってほしいな」と私が伝えると、彼は謝りたくないオーラを全身から出します。「僕は悪くない!」と自分を守る気持ちを優先してしまうのです。

そんなときでも、「まずは、お姉ちゃんが『やめて』と言ってるのに、やめなかったことだけ謝ってみる?」と提案すると、すんなり受け入れてくれることがあって驚きます。子どもの世界においても、範囲を限定すると謝りやすいようです。

どちらが悪かったかはひとまず置いておいて、相手を不快にさせたことは間違いないので、そこについては「ごめんなさい」を伝えてみてください。

逆に言うと、謝るのは相手を不快にさせたことに対してだけ。それ以外は謝らなくていいし、「申し訳ない」と思う必要もありません。

「悲しい気持ちにさせてごめんなさい」（ほかは知らないけど）

「がっかりさせてごめんね」（ほかは知らないけど）

「言い方が悪くてごめん」（ほかは知らないけど）

こんな感じです。ただし、あくまでもイメージなので、くれぐれもカッコ内の言葉は声に出さないよう気をつけてください（笑）。

また、自分のせいで相手を不快にさせたような気はするけれど、なんで相手が怒っているのかわからないという場合は、こんな言いまわしも使えます。

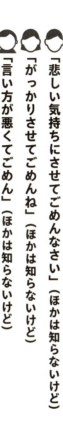

「不快に感じさせていたとしたらごめんなさい」（本当の感情は知らないけど）

こんなふうに伝え方に含みを持たせておくと、たとえ謝り方のツボをはずしてしまったとしても、そのあとの会話のなかで相手が感じていることを聞くきっかけをつくることができます。ぜひ、試してみてください。

●いきなり責任の話をしたら相手は戸惑う

もしかしたら、「そんないいかげんな謝り方で大丈夫なの？」「そんなの不誠実だよ」と思った方がいらっしゃるかもしれません。

ここでイメージしてほしいのが「**絆創膏**《ばんそうこう》」です。

自分の不注意で相手にけがをさせてしまったとき、たとえば、自分の荷物が相手の手にあたって少し血が出てしまったとき、あなたはどうするでしょうか。

おそらく「ごめんなさい！　大丈夫ですか⁉」と相手にかけよりますよね。必要であれば、絆創膏を探して傷口にはるでしょう。

けがをさせてしまった瞬間には、「どう責任をとろうか……」とは考えないはずです。まずは、反射的に相手を心配する行動が出てくるのではないでしょうか。

相手の立場から考えてみても、いきなり責任の話をされたら、「えっ、それって今じゃないよね。けがの心配が先でしょ」と戸惑うでしょう。

こんなふうに、なにかアクシデントが起こったら、まずは相手のことを心配するのが自然であり、相手にとっても受け入れやすい行動なのです。

責任範囲を限定して謝るのは、このイメージです。

相手を不快にさせたことは、ある意味、相手にけがをさせたようなものなので、まずはかけよって傷口に絆創膏をはることが最優先。

「どう責任をとるか」は、おたがいが落ちついたあとのことで、とりあえず置いておいてほしいのです。

ステップ4

繰り返し伝える

●「コップ理論」で、ただ水をそそいでいく

ステップ3までの技術を使って「ごめんなさい」を伝えても、うまくいかないことがあります。

たとえば、相手の怒りがおさまらなかったり、石のように無言だったり、うつむいて視線を合わせてくれなかったりするような場合です。

そのとき、「こっちが謝っているのに、その態度はなに⁉」と反論するのは、もちろんNGです。第1章でお話ししたように、許すか許さないかは相手の領域内のことなので、こちらではどうにもできません。

それでは、うまくいかないときは、どうすればいいのでしょうか。

相手に繰り返し「ごめんなさい」を伝えてみてください。

「ごめんなさい」は、いくら使っても在庫が減ることはありません。在庫は無限。出し惜しみせず、どんどん回数を重ねていきましょう。

ですが、反応がよくない、もしくは返事すらしてくれない相手に、繰り返し「ごめんなさい」を言いつづけるのは、なかなかしんどいですよね。

そこで、私が普段「ごめんなさい」を重ねていくときに意識している技術をお伝えします。名づけて「**コップ理論**」です。

コップが相手の「心」で、水があなたの「ごめんなさい」です。相手のコップに少しずつ水をそそいでいく様子をイメージしながら「ごめんなさい」を伝えます。

コップの容量は相手によって違うし、同じ人でもそのときの状況によってまったく変わるので、どれくらいの「ごめんなさい」でコップがいっぱいになるのかは、やってみないとわかりません。

最初の「ごめんなさい」で足りなかったら、時間を置いて2回目を。それでもダメなら3回目、4回目、5回目……というふうに続けてみてください。

●雑念に負けると水位は一気に0パーセントに

「ごめんなさい」を何度も繰り返し伝えるときに意識してほしいのは、相手のコップに入れている水は「**炭酸水**」だということです。

炭酸水は、そそぐとシュワシュワ泡が立ちますよね。その泡がおさまって静かになるのを待ってから、次の「ごめんなさい」をそそぐイメージを持ってみてください。

つまり、相手があなたの言葉を受けとる物理的な時間をとるということです。その時間なしに炭酸水をそそぎつづけると、水ではなく、泡がコップからあふれてしまいます。それでは本末転倒です。

「コップ理論」で「ごめんなさい」を重ねる

水
＝
あなたの
「ごめんなさい」
コップ
＝
相手の
「心」

ポイント
コップが水で満たされたとき
相手は心を開いてくれる

ちなみに、回数を重ねるほど、1回にそそげる水の量は減っていきます。どんなことも、そうですよね。最初のインパクトがいちばん大きくて、何度も繰り返すうちに印象は薄れていくものです。

1回目でコップの30パーセントまで入った水は、2回目で50パーセント、3回目になると60パーセント……と増え方が鈍ります。ですが、水位は少しずつ確実に上がっているので、くじけずに水をそそぎつづけましょう。

相手は内心、あなたからの「ごめんなさい」を求めています。コップに「ごめんなさい」がなみなみとそそがれたときに、はじめて相手は心を開いてくれるのです。

このコップ理論を知っておくと、自分の雑念にとらわれずにすみます。「こっちばかり謝るなんて腹が立つ！」「どうして、こんなに相手のご機嫌をとらなきゃいけないの⁉」といった思いに振りまわされなくなるのです。

その雑念に負けて、ついうっかり「だから何回も謝ってるじゃん！」「さっきから『ごめん』って何度も言ってるよね」などと口走ると、残念ながらコップの水位は一気に0パーセントに戻ってしまいます。

反論するのは、さらなる悪手です。「いつまで怒ってるの⁉」「これくらいのことでしょうもない！」「そっちだって悪いよね！」などと言ってしまうのは、コップの底に穴を開けるようなものです。

とにかく、コップが少しずつ水で満たされていく様子をイメージしながら、淡々と水をそそぐことに集中します。

●「イエス・バット話法」では「謝る気はない」と思われる

コップ理論を思い浮かべながら「ごめんなさい」を重ねていくとき、最初はなかなか難しいかもしれませんが、言い訳や反論はせずに、相手の話をただ聞くことに徹してみてください。

あまり腕のよろしくない営業担当者がよく使う手法に「**イエス・バット話法**」があります。相手の意見をいったん「その通りです（Ｙｅｓ）」と受け入れて、そのあとに「でも（Ｂｕｔ）」と続けて自分の意見を話すテクニックです。

たとえば、「たしかに、お客様のおっしゃる通りです。でも、この商品には、こういう利点もありまして……」といったものですが、こんなふうに言われると、お客さんの側からは「結局、売りこみか」と感じるものです。

つまり、「でも」以降の後半の言葉ばかりが目立ってしまうのです。

「ごめんなさい」を伝えるときも同じです。

「ごめんね。でも、私だって……」「ごめんなさい。でも、あのときはしょうがなくて……」と言ってしまうと、最初の「ごめんなさい」はかき消され、相手には「結局、この人に謝る気はないいな」という印象が強く残ってしまいます。

「ごめんなさい」と「でも」「だって」「しょうがなかった」は、相性が悪いと心得ましょう。

相手が話して一区切りついたら、「ごめんなさい」。
また相手が話して一区切りついたら、再び「ごめんなさい」。
そうやって、結局、言い訳や反論はせずに「ごめんなさい」をただ繰り返していくことが、相手に心を開いてもらえるいちばんの近道です。

「それじゃあ、あまりに一方的だよ。自分の意見も言いたい」と思った方がいらっしゃるかもしれないのでお伝えしておくと、自分のことを話すチャンスは後編のステップのなかにあります。

相手とぎくしゃくしているこの段階では、自分のことを伝えても言い訳や反論ととらえられてしまうので、まずは相手との関係修復を優先したほうがトクなのです。

まとめ

「ごめんなさい」の伝え方 前編

準備運動と前編の4つのステップを振り返っておきましょう。

準備運動

ステップ0

声に出して慣れる

「ミニマムごめんなさい」を日常的に使う

前編

ステップ1
動きをとめて相手を見る
眼球以外のすべての動きをストップ

ステップ2
会話のすきまを探す
文章のおわりの句点「。」を待つ

ステップ3
責任範囲を限定して謝る
相手を不快にさせたことだけでOK

ステップ4
繰り返し伝える
「コップ理論」を思い浮かべる

チェック 前編 よくある失敗パターン3選

●うまくいかないときは基本に立ち返る

以上、準備運動と前編のステップ1～4についてお話ししました。

最初のうちは、いざやってみても、うまくいかないこともあると思います。そんなときは、次の3つの失敗パターンに心あたりがないかチェックしてみてください。

①「そっちが先に謝るべき」症候群

実際の「ごめんなさい」が必要な場面では、自分と相手が、ほぼ同時にカチンときていることが結構あります。

そのときにおちいりがちなのが、「そっちが先に謝るべき」症候群です。

先日、妻とけんかをしたときに、この症候群におちいりそうになりました。

ことの発端は、私が仕事のアイデアを妻に聞いてもらいたくて、気持ちよく話をしていたときのことです。

その説明の途中、１つのキーワードがたまたま妻に刺さったらしく、妻は私の話から大きく脱線して、自分の話をしはじめました。

私は元の話の流れに戻ってきてほしくて「お～い」と声をかけました。軽い感じで言ったつもりが、妻からは「その言い方、こわい！」と悲しげな眼差し。

反射的に私の口から出てきた言葉は、「だって、そっちが先に……」。

言った瞬間、「あっ」と気づきました。妻が「こわい！」と思ったのは間違いないので、そこについては謝るのが正解だと思いなおしました。

すぐに「ごめん。言い方がこわかったよね」と伝えると、妻も「私も話をとっちゃってごめんね」と返してくれて、けんかはボヤですみました。

頭ではわかっていても、ついとらわれる「そっちが先に謝るべき」症候群。「ごめんなさい」がうまくいかないときによくあるパターンです。

②顔がこわい

口では「ごめんなさい」と言いつつ、その表情がこわいことがよくあります。ふくれっ面《つら》で、いかにも嫌そうな顔をしていませんか。

そんな顔では、「謝りたくないのに無理して謝るなよ」と言われてしまいます。こわい顔になるのは、「相手と自分、どっちが悪いか」という正しさに、ついこだわってしまうからかもしれません。

ステップ3の「責任範囲を限定して謝る」を思い出してください。相手を不快にさせたことに対してだけ淡々と「ごめんなさい」を伝えて、「それ以外は知〜らない」くらいの軽やかさで言ってみましょう。

意外かもしれませんが、「ごめんなさい」は「かわいらしさ」と相性抜群です。

これまでの人生で「ものすごく腹が立っていたけど、なぜか許せてしまった」という経験をしたことはありませんか。そのとき、相手は例外なく、かわいらしさや愛《あい》嬌《きょう》あふれる「ごめんなさい」を言っていたはずです。

「ごめんなさい」を伝えるときは「深刻にならずに淡々と」がポイントとお話ししましたが、慣れてきたら、ぜひかわいらしさや愛嬌をトッピングしてみてください。「ごめんなさい」の持つ深刻さを軽くする、有効なスパイスになります。

いちばん簡単にかわいらしさや愛嬌を出す方法は、声音を変えることです。

たとえば、普段のあなたの「ごめんなさい」のトーンが、ドレミの音階の「レ」だとしたら、それを「ラ」で伝えるイメージです。いつもより思い切りトーンを上げることで、軽やかさを演出できます。

ちなみに、かわいらしさの効果に、年齢や性別は関係ありません。かわいらしさと縁遠そうな人ほど、かわいく謝ったときの効果は絶大です。

③言い方が雑になっている

面倒なことを早くおわらせたいという気持ちが強いと、「あ〜、ごめん、ごめん」「はいはい、ごめん、ごめん」といったように言い方が雑になります。

また、「なんか、ごめん」という曖昧な言い方をしてしまうこともあります。

雑だったり、曖昧だったりする言い方は、「面倒くさいから、とりあえず謝っとくか」という内心が透けて見えて、逆効果になってしまいます。

もう一度、前編のステップ1〜4を復習して、慣れるまでは、一言一句そのまま再現するくらいの気持ちで、基本に忠実にやってみてください。

●「あっ」と気づいたら、すぐにやりなおせばＯＫ

以上、3つの失敗パターンをご紹介しましたが、どれも「あっ」と気づいたら、すぐにやりなおすことができます。

「だって、そっちが先に……（「あっ」と気づく）ううん、ごめんなさい」

（顔がこわくなっていることに「あっ」と気づく）「ごめん、顔こわかったよね」

「なんか、ごめん……（「あっ」と気づく）悲しい気持ちにさせてごめんね」

そんなふうに、気づいたら基本に戻ってやりなおせばＯＫです。

えっ、突然、軌道修正したら相手に変に思われないか心配ですか？

はい、とても変に思われます（笑）。

ですが、それはむしろ、かわいらしさにつながります。

相手は「この人、一生懸命がんばっているな（笑）」と感じて、ほほえましく思ってくれるはずです。そうなったら、ぎくしゃくした雰囲気は、一気に消えさります。

あなたも大いに「キャラ変」していきましょう。

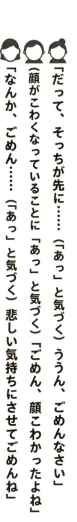

相手の怒りが強すぎるときは？

●相手のコップは「バスタブ」かもしれない

相手にいくら「ごめんなさい」を伝えても、どうしようもないときもあります。「話しかけてくるな！」と言われたり、完全に無視されたりといった、心のシャッターを完全に閉じられているような状況です。

相手の怒りが強すぎるときは、落ちつくのを待つしかありません。「ごめんなさい」を伝える側ができるのは、タイミングを見ながら1日に1～2回を目安にステップ4を繰り返していくことだけです。

しばらく時間を置いて「ごめんなさい」。それでもダメなら、また時間を置いて

「ごめんなさい」。それしかできることはありません。

このとき相手の全身から話しかけてくるなオーラが出ていても、相手は決してあなたに謝ってほしくないわけではありません。

ちょっとやそっとの「ごめんなさい」では足りないと思っているだけです。

ステップ４でお話ししたコップ理論のコップが「バケツ」並み、場合によっては「バスタブ」並みに大きいわけです。

途方もない気がしてきますが、バスタブも根気よく水をそそいでいれば、いつかはいっぱいになります。

ですが、現実的には、バスタブは、いつまでもバスタブの大きさのままではありません。時間の経過とともに、必ず小さくなっていきます。

ずっと怒りつづけられる人はいないので、時間が経つにつれて、少しずつ相手の感情が落ちついてきて、バスタブがバケツになり、バケツがコップになり、そのコップのサイズも小さくなっていくのです。

そんなイメージを持って、「ごめんなさい」の水を淡々とそそいでいきましょう。

●相手の怒りは「過去からの積み重ね」の可能性も

もう1つ、相手から強い怒りを感じたときに考えてみてほしいことがあります。

「過去からの積み重ね」が相手に与えている影響です。


強い怒りは、たいていの場合、1つの出来事で起きるわけではありません。

「過去に何度も同じような不快な気分にさせられてきた」という思いが相手に強くある可能性が高いと考えられます。

長年の怒りが積み重なった、特大のバスタブ案件です。

怒りを向けられた側としては、長年のことで、もはや相手がなにに怒っているのかわからない場合も多いと思います。

そんなときは、１日１～２回の「ごめんなさい」のときに、「ごめんね。きっとこれまでも、いろいろと傷つけてきたんだよね」と伝えてみてください。

かなり厳しい話をされるかもしれませんが、その言葉をきっかけに対話の糸口がつかめる可能性が大いにあります。

こんなふうにお話ししている私も、相手がなにに対して怒っているのか、はっきりわからないことがあります。

「ごめんなさい」を伝えたことで、相手の怒りが頂点に達し、「ずっと、あなたには傷つけられてきたけど、なにが原因かわかっているの⁉」なんて言葉を引きだしてしまうこともあります。

そんなことが起きるたびに、相手と向きあう勇気がくじかれそうになりますが、それでも私は「ごめんなさい」を伝えることを選びます。

なぜなら、相手が本当の気持ちを伝えてくれるきっかけは、自分の「ごめんなさい」しかないからです。

私は、それを「**関係性をあきらめない勇気**」と呼んでいます。

「ごめんなさい」の伝え方

後編

●相手との対話を重ねて、関係をより深めていく

前編の4つのステップを学んでみて、どう感じたでしょうか。

ひょっとすると「なんてうわべだけの誠意の足りない謝り方だ」と思った方がいらっしゃるかもしれません。

ですが、後編の3つのステップで、その考えはきっと変わります。

前編の4つのステップは、相手に心の扉を開いてもらうためのもので、あくまで**「手段」**という位置づけでした。

●前編・ステップ1～4

内容　「ごめんなさい」をどう伝えるか＝「伝え方」

目的　相手との関係を再びなごやかにする

ここからの後編の3つのステップでは、相手の話を聞き、対話を重ねて、関係をより深めていくという「**目的**」に向かっていきます。

●後編・ステップ5～7

内容　「ごめんなさい」を伝えたあとに、どう話を進めるか＝「対話術」

目的　相手との関係をより深める

それでは、「ごめんなさい」の技術の核心に迫っていきましょう。

ステップ5
許可を得てから思いを伝える

●必ず相手に許可をとってから話しはじめる

前編の4つのステップで「ごめんなさい」を重ねていくうちに、相手は少しずつ落ちつきをとりもどしていきます。

そして、こちらにしゃべらせてくれる余裕も出てくるかもしれません。

「どうして、さっきあんなことを言ったの？」

「なんで、あんなことをしたのか説明してほしい！」

「あのときは、こんなふうに言ってたけど、どういう意味だったの？」

そんなふうに、相手からこちらの思いや意見を聞くような言葉が出てきたら、言い訳、もとい、自分のことを話せるタイミングがきたというサインです。

ただし、そのサインを感じとったとしても、必ず相手に許可を得てから話しはじめるようにしてください。

「今、思っていることを話してもいいかな？」「こっちの考えていることを伝えてもいい？」といったひと言を相手に投げかけて、「うん」「いいよ」「わかった」といった返事があってから、あなた自身のことを話しはじめましょう。

許可を得ずに話をはじめてしまうと、相手の心の準備が整っていない状況で、あなたのことを話さなければならなくなります。

反対に、「話してもいいかな？」と許可をとることで、相手は「ここからは話を聞く時間か」と準備ができて、あなたの話を受けとりやすくなります。つまり、許可のひと言には、相手の「聞く準備」を整える効果があるのです。

●反論のターンが来たわけではない

なお、相手の許可を得たからといって、「反論のターンが来た」「我慢していたことをぶちまけていい」ということではありません。1人で一方的に話しつづけたり、ましてや形勢逆転をねらったりするのはNGです。

この後編のステップの「目的」を思い出してください。

そう、相手との関係をより深めていくことでした。決して「相手と自分、どっちが悪いか」の決着をつけるためではありません。

こちらの思いや意見は、感情的にならず、やさしい声音で伝えることを心がけ、伝えたあとは、あなたの思いに対する相手の言葉をじっくり聞きましょう。

つまり、ステップ5は2人のターン、つまり「対話」のはじまりです。

話す前に必ず許可をとる

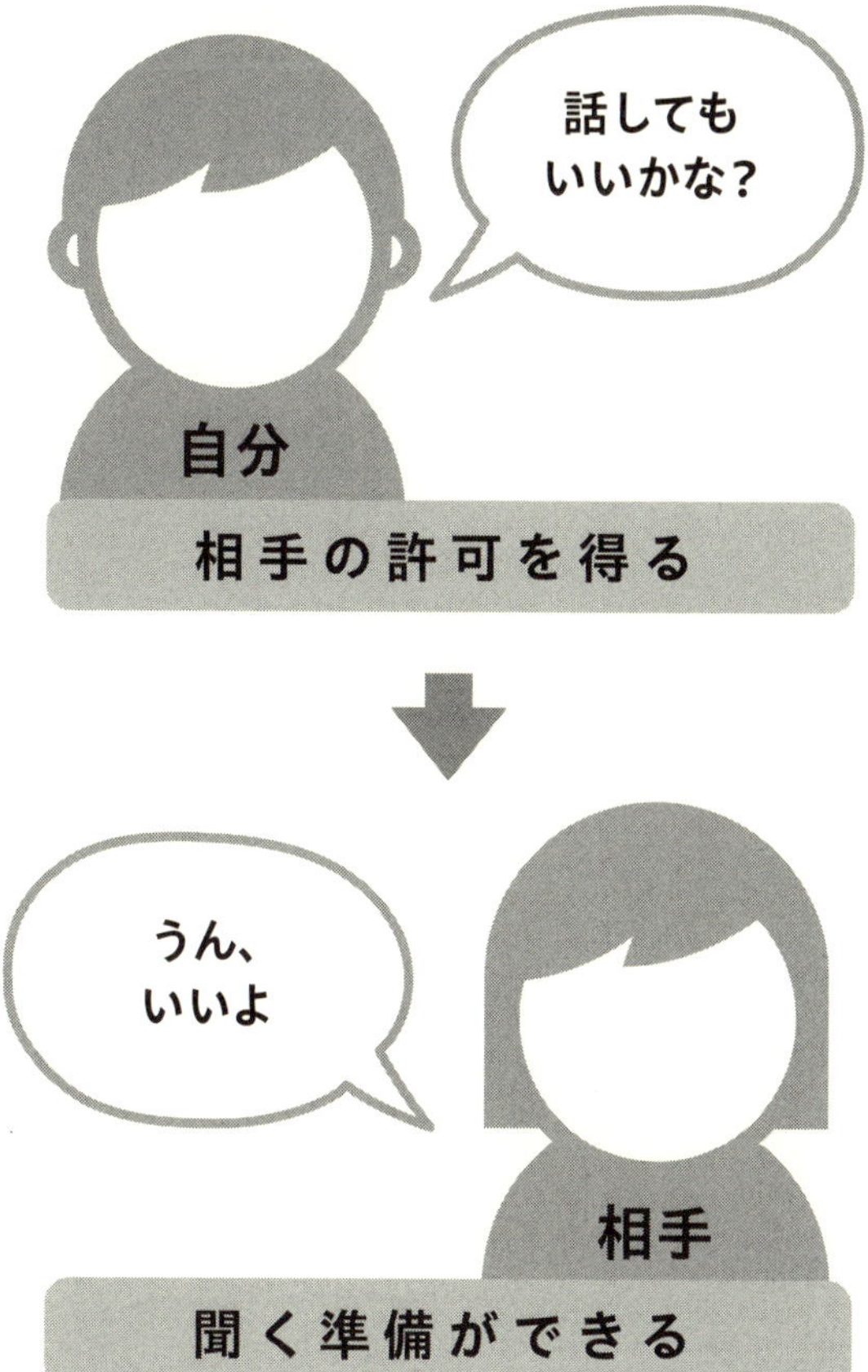

ステップ6

相手の願いをいっしょに探る

●本当の願いは水面下に隠れている

ステップ5をきっかけに、「ごめんなさい」を伝える段階から「対話」へと進んでいきます。このタイミングで、あなたに考えてほしいことは、たった1つです。

「この人には、どんな願いがあるのだろう」

相手が言葉で表現している情報は、氷山の一角に過ぎません。本当に言いたいことは水面下に隠れていることが多いのです。

水面の上に出ている部分、つまり相手がしゃべっている言葉をそのまま受けとるだけだと、対話がちぐはぐになってしまいます。

たとえば、第1章にゴミ出しの話が出てきました（34ページ）。「『朝、ゴミ出しといて』ってお願いしたよね」という相手の言葉には、どんな願いがあるのでしょうか。

もちろん、そのまま言葉通りの「ゴミをちゃんと出してほしい」という思いはあるはずですが、それは氷山でいうと水面の上に出ている部分かもしれません。

言った本人も気づいていないかもしれませんが、本当は「自分の話を聞いてくれない」「関心を持ってくれない」「優先度が低い」、つまり「自分が大切にされていない」ことに傷ついているのではないでしょうか。

相手の本当の願いは、ゴミ出しそのものよりも、「もっと私のことを大切にしてほしい」ということかもしれません。

●しんどい話のなかに相手の大切な情報がある

このステップ6は、言いかえると、相手の心に深く入っていって、いったいなにに傷つき、なにを求めているかを、いっしょに探っていくステップです。

そのとき相手からされる話は、おそらく聞いていてしんどいものです。

相手は不快や怒りを感じているので、こちらの欠点や至らなさ、不満、鬱憤《うっぷん》などをぶつけてきます。少なからず、居心地の悪い思いをすることは避けられません。

しかも、相手の言いぶんには「ツッコミどころ」もあるでしょう。冷静さを失っている状態なので、「えっ、なんでそうなるの⁉」という誤解や思いこみ、「結局、なにが言いたいの⁉」という支離滅裂《しりめつれつ》な話などが、きっと出てきます。

つまり、あなたは、いろいろな意味で「聞きにくい話」を聞くことになるのです。

ですが、そこで「それは勘違いだって」「さっき言ったことと矛盾してるじゃん」「それは、あなたの勝手な感想でしょう」「その話、何回目?」などと言ってしまうと、対話はそこでストップしてしまいます。相手を深く知るチャンスを、みすみす逃してしまうのです。これはもったいない。

時間はかかりますが、水面下に隠れている相手の本当の願いを対話のテーブルの上に出してもらえると、これまで見えていなかった景色が見えてきます。

それは相手のことを知って学べる時間です。価値観や大切にしていること、されて嫌なこと、コンプレックスなど、その人にとって、とても大切な情報をもらえる貴重な時間になります。

そう考えてみると、聞きにくい話を聞くストレスはありますが、相手に対する好奇心がわいてこないでしょうか。

●相手が話しやすくなる3つの「聞く技術」

「相手の本当の願いを出してもらうには時間がかかる」とお話ししましたが、「聞く技術」を知っておくと、その時間を、ある程度、短縮できます。これは、私が専門としているコーチングの考え方に基づく聞き方です。

こちらがきちんと話を聞けると、相手は自分の思いや感情を整理しやすくなり、認識していなかった自分の深い部分に気づけるようになります。

聞く技術の基本は、相手を静かに見守ることです。

せっかく相手が話しはじめてくれたのに、そこにすかさず言い訳や反論を入れてしまうと、相手は途端に話すのをやめます。

逆の立場を想像してみると、わかりますよね。

あなたが黙ると、相手は話してくれます。
相手が話してくれないのは、あなたが話しているからです。

その基本を意識したうえで、次の３つのテクニックを使ってみてください。相手がより話しやすくなる状況をつくることができます。

①復唱する

相手の言葉のなかから「単語」を１つ選んで、それをそのまま返します。

●例

「あのことに傷ついたんだよ」

「傷ついたんだね……ごめん」

「あのとき押しつけられて嫌だった」

「押しつけて、ごめんね」

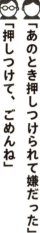

こんなふうに相手が発する単語をそのまま返して、そのおわりに「ごめんなさい」をつけると、「あなたの話をきちんと受けとった」というメッセージになります。

②承認する

相手の行動や思考、感情、見解などを、そのまま認めることです。
①「復唱する」も、承認の1つのかたちです。

●例

■「行動」を承認する

「そんなことがあったんですね」

「○○をやってみたんだね」

■「思考」「感情」を承認する

「そんなことを考えていたんですね」

「○○と感じていたんだね」

そんなふうに相手のことをそのまま認めること自体が「あなたを尊重しています」というメッセージになります。

また、相手の見解に同意できないこともあるでしょう。

その場合、相手の意見は否定せずに「（あなたは）そう思っているんですね」というスタンスで承認します。

●例

■「見解」を承認する（否定しない）

「そういう考え方もありますね」

「なんとなく理解できるよ」

こんなふうに返すと、相手はこちらの言葉を言い訳や反論とはとらえません。

③合いの手を入れる

相手に話をしてもらうには、合いの手も有効です。

●5つの黄金の合いの手

■「そうなんだね（ですね）」

■「というと？」

■「ほかには？」

■「もう少しくわしく教えてくれる？」

■「だとしたら？」

これらの言葉は、私のプロコーチとしての経験から考えぬいた黄金の合いの手ベスト5です。少しぶっきらぼうに感じるかもしれませんが、なにも言葉を足さずに、そのまま使っていただいても充分に効果があります。

最初のうちは、そのままこの5つの言葉を丸暗記して、順番に繰り返し使っていくだけで、自分が話さなくても相手が話してくれる流れをつくることができます。

●問いかけると相手の思考が整理される

目の前にいる相手は、前編のステップ1～4の段階では、不快になったり、怒ったりしていて冷静さを失っているので、自分の本当の願いをつかめていません。

こちらから問いかけることで、はじめて思いや考えを整理できて、「自分は、ここに傷ついたのか」「こんなことを考えていたのか」と少しずつ理解できるのです。

とはいえ、「あなたの本当の願いはなんですか？」なんて聞くと、とてもあやしい人になってしまうので（笑）、ここでご紹介した3つの聞く技術を使いながら、少しずつ相手の願いを探っていってください。

ステップ7
おわりのサインを見つける

●こちらからは対話を切りあげない

ステップ6で話をじっくり聞いていくと、少しずつ相手の本当の願いがつかめてきて、おたがいに「そうそう、それが言いたかったんだよ」「そこの言い方で傷つけてしまったのか」といった一体感のようなものが生まれてきます。

相手から「もっと○○してほしい」「これからは○○しないでほしい」という具体的な提案が返ってくることもあるでしょう。

そんなふうにして、相手の本当の願いにたどりついたら、対話は少しずつ収束に向かっていきます。

ですが、こちらからは対話を切りあげずに、相手から「**おわりのサイン**」が出るのを待ってみてください。

そのサインとは、次のようなものです。

「ああ、疲れたね」

「わかった。もういいよ」

「こっちも一方的に話しちゃって、ごめんね」

こういった言葉が出たら、相手が思いの丈《たけ》を話しきった印です。

こちらも「今回は本当にごめんなさい。いろいろ話を聞けてよかった。ありがとう」とおわりの言葉を伝えて、これで一件落着となります。

このころには、相手の感情もおだやかになっているので、少しずつ普段の会話に戻していけるはずです。

まとめ

「ごめんなさい」の伝え方

後編

後編の3つのステップを振り返っておきましょう。

後編

ステップ
5

許可を得てから思いを伝える

必ず相手に許可をとってから話しはじめる

ステップ
6

相手の願いをいっしょに探る

あなたが黙ると、相手は話してくれる

①復唱する
②承認する
③合いの手を入れる

ステップ
7

おわりのサインを見つける

こちらからは対話を切りあげない

チェック 後編

よくある失敗パターン2選

●「ごめんなさい」は、単品で使ったほうが効果的

以上、後編の3つのステップについてお話ししました。

「ごめんなさい」をきっかけに、相手との関係が深まっていく流れをつかんでいただけたでしょうか。

前編と同様に、よくある失敗パターンを2つあげましたので、心あたりがないかチェックしてみてください。

①改善案を提示するのが早い

「『ごめんなさい』は、すかさず伝えるのが鉄則」とお話ししてきましたが、改善案も同時に言ってしまって失敗するケースがよくあります。

たとえば、「ごめん、もうやらないから」「ごめんね、次から気をつける」「ごめんなさい、もうわかったので」といった感じで「ごめんなさい」と改善案をセットで伝えていないでしょうか。

改善案を提示するのが早すぎると、相手にしてみれば「わかってるなら、最初からやるなよ」と言いたくなります。

改善案を伝える最適なタイミングは、対話がひと通りおわったあと、ステップ7のおわりのサインが出たあとです。

「ごめんなさい」は、ほかのなにかといっしょに伝えるのではなく、そのまま単品で使ったほうが効果的です。

②「ごめんなさい」のツボが違う

7つのステップのなかのメインディッシュは、ステップ6「相手の願いをいっしょに探る」です。

願いを探っていく過程では、「それって、こういうこと？」と相手の話を要約することもあると思います。

これは、121ページでご紹介した聞く技術「復唱する」の1つです。

相手の話を自分の言葉で短くまとめて伝えられると、相手は「あっ、わかってくれている」と感じて、話しやすくなります。

ですが、この要約が間違っていると、「違う！　そうじゃなくて」「ちゃんと話を聞いてたの⁉」となって、相手からきつい指摘が入ることがあります。

つまり、「ごめんなさい」のツボをはずしてしまった状況です。

ツボをはずしてしまっても、あわてなくて大丈夫です。

先ほどお話ししたように、相手の話は聞きにくいものになっているので、そうなるのも仕方ありません。

ツボをはずしたら、次のような言葉を相手に返してみてください。

「ごめんね、理解が悪くて。もう一度、教えてくれるかな」

「ごめん、違ったか。もう一度、教えてくれるとうれしいな」

「そうじゃなかったか。メモをするから、もう一度、教えてくれるかな」

そんなふうに「もう一度、教えてほしい」というひと言を重ねながら、相手の本当の願いに近づいていきましょう。

相手も2回目、3回目になると、自分の思いや考えがかなり整理されて、わかりやすい説明になっていきます。

途中で「おりる」選択をしてもいい

●「ごめんなさい」は自己犠牲ではない

ここまで読んでくださって、もしかすると「なぜ、ここまで相手に尽くさないといけないのか」と思った方がいらっしゃるかもしれません。

たしかに、そうですよね。何度も何度も「ごめんなさい」を伝え、言い訳や反論はせずに、ひたすら話を聞き……まるで、自己犠牲のように思えてくるでしょう。

ですが、「関係を壊したくない」「もっと関係を深めたい」と心から思う相手に対しての行動であれば、決して自己犠牲にはなりません。

自分にとって大切な人であれば、相手に使った時間や労力は、そのまま自分のためにもなるからです。

逆のことも言えます。

第1章でもふれましたが、「この関係は切れてもいい」「もうつきあいきれない」と判断したなら、「ごめんなさい」を言わないという選択もできます。

相手が不快サインを出していても無視したり、言い訳や反論を何度も繰り返したりすれば、相手のほうから離れていくでしょう。

「この関係をどうしたいか」の選択権は、いつもあなたが握っています。

もし、「ごめんなさい」を重ねていくなかで「なんで、こんなことをやっているんだろう」と感じる瞬間があれば、ぜひこの原点を思い出してください。

そして、今あなたの目の前にいる相手は「自分にとって、どんな存在か」を考えてみてください。

●いつでも選択を変えることができる

7つのステップの実践中に、選択を変えることもできます。

最初は「関係を壊したくない」と思っていたものの、途中で「もうつきあいきれない」と判断して、その関係から「おりる」というパターンです。

私も若いころ、おつきあいしていた方に対して、そうしたことがありました。

きっかけは車でデートをしていたときのこと。横断歩道をわたる女性を見て、「あの人、脚長いね」とポロッと言ってしまったのです。

その瞬間、彼女が烈火のごとく怒りだしました。

「私といるのに、そんなこと言うなんて信じられない！」

彼女の言う通りですね。私もまだ20代でしたので、許してください（笑）。

そこから「ごめんね」を何十回も重ねました。

ですが、彼女が許してくれる気配は、まったくなし。

だんだんと「ここまで怒るかな」「これから先、同じようなことがたくさん起こるんだろうな」という思いがふくらんできました。

「これからも、この人との関係を続けていきたいか」と自分に問いかけたときの私の答えは「ＮＯ」でした。

その思いに気づいた時点で「ごめんなさい」をストップしました。

彼女は不機嫌なまま車をおりて、そのままどこかへ。関係は自然に切れました。

こんなふうに「ごめんなさい」の途中にも、絶えず「分かれ道」があります。

何度も「ごめんなさい」を重ねていくという話は、あくまで関係を続けていきたいと思う相手に対してだけ。

相手が「ごめんなさい」をはねつけたときに、その人が「自分にとって、そこまで大切な存在ではない」と気づいたなら、途中で「おりる」選択をしてもいいのです。

許すか許さないかは、相手の領域内のことであるのと同じように、相手との関係を続けるか切るかは、こちらの自由。あなたが判断していいのです。

「ごめんなさい」のあとは、自分をしっかりケアしよう

●もし第三者なら、自分にどんな言葉をかける？

「ごめんなさい」を伝えたあとは、きっとへとへとに疲れきっているはずです。
だれかとぎくしゃくするだけでもしんどいことだし、関係修復に向けた「ごめんなさい」のステップでは、かなりのエネルギーを使ったと思います。

いかに相手が大切な存在だといっても、何度も謝ったり、相手の言葉を受けとめたりすることは、とても大きなストレスです。

相手からのきついダメ出しにも、大いに傷ついていることでしょう。

ぜひ、次の４つの視点で、「ごめんなさい」を伝えた自分をケアしてください。

①自分に誇りを持つ

「ごめんなさい」は、相手との未来をつくるための長期投資です。そこに対して自分の時間と労力を使ったことに大いに誇りを持ってください。

相手があなたの「ごめんなさい」を受けとってくれないときも同じです。

まったく口をきいてくれなかったり、相手の怒りがおさまらなかったりする苦しいときにこそ、ふんばっている自分をほめてあげてください。

②「What if」で考える

「もしあのとき『ごめんなさい』を言っていなかったら、今、どんな気持ちでいるだろう」と考えてみてください。「What if」（もし仮に）の思考です。

意地を張って「ごめんなさい」を言えなかったことを、とても後悔しているかもしれません。相手との関係にひびが入ったり、もう壊れたりしているかもしれません。

ですが、実際のあなたは、相手に「ごめんなさい」を伝えて、そんな状況になるのを防いだ、もしくは防ごうと努力したのです。

そんな自分に「よくやった」と言ってあげてください。

③「ほかの人が同じことをしたら？」と想像する

あなたと同じような状況で「ごめんなさい」を伝えた人がいたとしたら、その人にどんな言葉をかけるでしょうか。

「すごい！」「大変だったね」「お疲れさま」「きつかったよね。今日はよく寝てよ」「大人だね」……と、いろいろな言葉が浮かんでくるはずです。

それらの言葉を全部、自分に言ってあげましょう。

あなたの行動は、それくらい価値のあることなのです。

④水面の波紋をイメージする

人は不安や疲れを感じているとき、過去の意思決定を後悔しがちです。

「やっぱり、謝りすぎだったかもな」「『ごめんなさい』を伝えても意味がなかった」という思いが、ふと浮かんでくることもあるでしょう。

そんなときは、「水面の波紋」をイメージして見てください。

相手に「ごめんなさい」を伝えていくことは、静かな水面に小石を1つ、ぽちゃんと投げこむようなものです。

あなたが投げた小石でつくられた波紋を、じっと見つめてみましょう。

それは小さなものかもしれませんが、確実に水面に波を生みだしています。相手になにかしらの影響は与えているのです。

これからどんなことが起こるか、しばらく待ってみましょう。

「ごめんなさい」を先どりで伝えてみる

●生活を豊かにする潤滑油になる

この第2章のはじめにお伝えした、ステップ0「声に出して慣れる」を覚えているでしょうか。日常で「ミニマムごめんなさい」を言う機会を増やして、相手とぎくしゃくしたときの「ごめんなさい」に向けた準備運動をしようという話でした。

この章の最後に、そのステップ0のワンランクアップ版をお伝えします。

生活を豊かにする潤滑油となる、名づけて「先どりごめんなさい」です。

相手が特に不快サインを出していないとき、つまり通常運転時にも、先どりで「ごめんなさい」を伝える方法です。

「えっ、なにも起こっていないのに、どうやって『ごめんなさい』を？」と思うかもしれませんが、近い将来に「ごめんなさい」案件になりそうな小さな種が、実は日常のなかには、たくさん落ちています。

たとえば、次のようなことです。

「部屋の電気、いつも私が消すんだよなぁ」
「はさみを使ったら、元の場所に戻してほしいよなぁ」
「ソファでくつろぐのはいいけど、私も座りたいのになぁ」

そんな、わざわざ相手にあらたまって謝ってもらうほどではないけれど、「まただよ」と思うようなことはありませんか。

気になっていて、もし謝ってくれたら悪い気はしない、そんな小さな種です。

相手にも、きっと、そんな種があるはずです。

いつも相手がさりげなく助けてくれていること、相手に面倒をかけていること、相手に甘えていることがないか、ちょっと振り返ってみてください。
絶対になにか1つはあるので、それを見つけて、相手に指摘される前に先どりで「ごめんなさい」を伝えてみましょう。

「お風呂、洗っといてくれたんだ。ごめ～ん」

「ゴミ出し、最近まかせっきりで、ごめんね」

「過去の資料の処分、いつもやってくれてるよね。ごめん！」

そんなふうに伝えると、相手の反応は「別にいいよ」「気にしないで」かもしれないし、「いつも私ばっかり」「たまには、お願いします」かもしれませんが、いずれにしても相手は「あっ、わかってくれているのね」と思うことはたしかです。

つまり、「先どりごめんなさい」は、「あなたのことをちゃんと見ていますよ」という承認のメッセージになるのです。

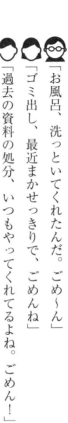

「先どりごめんなさい」を伝えるには、相手を観察することが必須です。特になにも起きていない通常運転時も、相手を見る習慣があるとすてきですよね。

●「ありがとう」の代わりにもなる

ちなみに、承認のメッセージの1つに「**ありがとう**」があります。

とはいえ、「ありがとう」に照れを感じる人も多いのではないでしょうか。

あらたまって「洗濯してくれてありがとう」なんて言うのは恥ずかしいと感じる場合は、「ごめんなさい」で代用できます。「ごめんね、私のぶんまで洗ってくれて」なら、よりくだけた印象になりますよね。

承認あり、感謝あり、「ごめんなさい」には、いろいろな使い方ができます。「ごめんなさい」を使う回数を増やせば、日々の生活に潤《うるお》いが出ます。

そして、もちろん、相手とぎくしゃくしたときの「ごめんなさい」がサッと出てくるための準備運動にもなります。

実践を重ねて好循環をつくろう

●成功体験でドーパミンを味方につける

ここまで「ごめんなさい」の技術について、いろいろお話ししてきました。

あとは、あなたの実践あるのみです。

「なるほど。こういうメカニズムで関係が深まるのか」と頭で理解して満足するだけでは、目の前の相手との関係に変化は起きません。


コミュニケーションは実践が命です。

「ごめんなさい」を伝えて、相手との関係がどう変わっていくかを、ぜひ実際に体験してみてください。

実体験には、強烈なインパクトがあります。

「相手は許してくれないかもしれない。でも『ごめんなさい』を言ってみよう」と思って勇気を出して伝えてみたら、相手のことを深く知ることができた――そうした体験を実際にしてみると、とても感動します。

その瞬間、脳内には、好奇心や意欲を活性化させる作用がある「ドーパミン」という神経伝達物質が分泌されます。

成功体験によってドーパミンが出ると、「次もやってみよう」という気持ちがわいてきたり、「あっ」と思ったときにすかさず「ごめんなさい」が出てくるようになったりして、それがさらなる成功体験につながります。

つまり、実体験をきっかけに好循環の波にのれるのです。

一方、ドーパミンがよくない方向に循環してしまうこともあります。

たとえば、言い訳や反論をして相手がしぶしぶ従ってくれたという、よくない体験を重ねてしまうと、それがクセになって、毎回「ごめんなさい」を言わずに切り抜けようと考えます。

さらにまずいのは、論破によって、相手を黙らせてきた人です。

相手を一方的にねじふせる強烈な方法を使って、しかも、それで相手が自分の思い通りに動いてくれる体験をすると、ドーパミンが大量に分泌されます。気持ちよくなって、何度も繰り返してしまうのです。

●論破されたほうは絶対に忘れない

ですが、その代償は、とても高くつきます。

そう遠くない未来に、相手の愛情や信頼は底をつき、確実に関係の破綻という結果を引き起こすでしょう。

相手は論破されるごとに、嫌な思いを記憶していきます。やったほうはすぐ忘れるかもしれませんが、やられたほうは絶対に忘れません。

最悪の事態を避けたいのであれば、今日から方向転換しましょう。

よくないクセをなおすには、実際に「ごめんなさい」の技術を使って、その効果を体験してみるのがいちばんです。そして、実体験から好循環をつくり、これまでの悪循環に上書きしていきましょう。

今、この瞬間から「ごめんなさい」の習慣をはじめてみませんか。

Column 2

人と仲よくなれる「ＳＯＳごめんなさい」

母が経営する印刷所で営業をしていたときのことです。

お得意先の一つである電気屋さんを訪問しました。

打ち合わせをおえて、「さあ、帰ろう」と営業車に戻ると、なんとバッテリーが上がっていて、うんともすんともいいません。

お客さんにばれないよう冷や汗をかきながら、こそこそとＪＡＦを呼んで、なんとか会社に戻りました。

そのことを母に伝えると、こんなふうに母に怒られました。

「バカね。店に戻って『助けてください』って言えばいいじゃないの。相手は電気のプロなんだから」

「だって、迷惑かけちゃ悪いから……」

「人を助けるって、助けたほうもうれしいんだよ。せっかくお客さんと仲よくな

るチャンスだったのに、それをみすみす逃して。本当にもう……」

母の小言を聞きながら、ちょっと目からうろこが落ちました。

「助けてください」と言うほうは恥ずかしいけれど、言われるほうは案外うれしいものです。逆の立場を想像してみるとわかりますよね。

今の私なら間違いなく、「本当にごめんなさい！　営業車のバッテリーが上がっちゃって……」と泣きそうな顔をしてお店に戻るでしょう。

たしかに迷惑はかけますが、相手にとっては「自分がいたから、この人は助かったんだ」という、ちょっぴりうれしい経験になることもあります。

だれかに「助けて」とお願いするときは、必ず「ごめんなさい」もいっしょに言いますよね。こんな「SOSごめんなさい」もあるんです。

あなたも、ピンチのときに、ぜひ使ってみてください。

第2章のポイント

○「ごめんなさい」は、深刻にならずに淡々と伝える
○コップに水をそそぐように「ごめんなさい」を重ねる
○聞く技術の基本は、相手を静かに見守ること
○「ごめんなさい」のあとは、自分をケアする
○「先どりごめんなさい」は潤滑油になる

第3章

「ごめんなさい」を上手に受けとる練習

「謝られ上手」は、謝るのもうまい

●「ごめんなさい」の往復切符を手にする

第3章は、これまでとは180度方向を変えて、「ごめんなさい」を言う側ではなく言われる側の技術について、つまり「**人から謝られる技術**」についてお話ししていきます。

私たちの日常では、自分が「ごめんなさい」を伝える立場になるときもあれば、相手の「ごめんなさい」を受けとる立場になるときもありますよね。実は、「ごめんなさい」を受けとる立場にも技術があるのです。

「謝られ上手は、謝り上手」

これは私の造語ですが、相手の「ごめんなさい」を上手に受けとることができるようになると、身近な人との関係性を、さらによくしていける可能性が広がります。「ごめんなさい」の片道切符を「往復切符」にするイメージを持ってもらえるとわかりやすいかもしれません。

最初にお伝えしておくと、「ごめんなさい」を受けとる技術は、第2章の「ごめんなさい」を伝える技術と、とてもよく似ています。

ほとんど同じと言っていい要素もあるし、なかには自分が謝るより難しい要素もありますが、第2章で学んだあなたなら必ず習得できるのでご安心ください。

人に謝る技術、人から謝られる技術、その両方を身につけることができると、「ごめんなさい」の循環が起こります。

ちょっと想像してみてください。

あなたが、これまでに学んだ技術を使って、だれかに「ごめんなさい」を伝えたとします。

きっと、あなたは、相手から「いいよ」「わかった」「もう大丈夫」といったポジティブな反応が返ってくることを期待しますよね。

ですが、現実には「許せない」「あなたはわかってない」「『ごめん』のひと言じゃすまない」といったネガティブな反応が返ってくることもあるでしょう。

そのときに、「なぜ、こんなことになるのか」「なぜ、相手は『ごめんなさい』を素直に受けとってくれないのか」といった相手の事情を理解しておくと、つまり、人から謝られる技術を身につけておくと、あなたはもっと上手に「ごめんなさい」を伝えられるようになります。

「ごめんなさい」を受けとる立場から、「こういうときに、人はどんな言葉をかけてほしいのか」を想像できるようになるので、相手も自分も幸せになれる会話が積みあがっていくのです。

これが「ごめんなさい」の循環です。

●「謝ったら負け」と考えてしまう心理

アメリカに住む友人は、「日本人は、すぐに謝る」と言います。

たしかに、上司にミスを指摘されれば「すみません」と言うし、スーパーで欲しい商品が売り切れだったら店員さんは「申し訳ありません」と返してくれるでしょう。

そういう意味で、私たちは「すぐに謝る民族」ではありますが、反対に、だれかに謝られる局面において、あなたは普段、どんな反応をしているでしょうか。

おそらく、はっきりと「こんなふうに対応することにしている」「こう返すようにしている」と答えられる方は少ないのではないでしょうか。

私たちは、よく謝っているにもかかわらず、いざ自分が謝られたときには、どうすればいいのか、よくわかっていないのです。

その結果、多くの人が「ごめんなさい」を言われたときに、よろしくない対応をしてしまっています。

その典型例が「**ごめんですむなら警察はいらない**」という言葉です。「ごめんなさい」を言ってきた相手に追いうちをかける決まり文句で、あなたも子どものころに一度は使ったことがあるかもしれません。

大人になっても、似たようなことを私たちは言っています。「**謝るなら最初からやるな（言うな）**」「**謝るくらいなら、ちゃんとやれ**」がそれです。よく耳にするフレーズですが、言われたほうは、それ以上なにも言えなくなってしまいます。

場合によっては、相手が頭を下げてきたのをこれ幸いと、優位なポジションに立とうとしたり、偉そうな態度をとったり、いつまでもチクチク責めたり、自分の思い通りに相手を動かそうとしたりします。

そうなると、謝罪する立場としては、「謝ったら、ろくなことにならない」「謝ったら負け」という後ろ向きな学習をしてしまいます。

身近な人との関係で、こんなことが起こると不幸ですよね。人から謝られる技術を学んで、この流れをとめてみませんか。

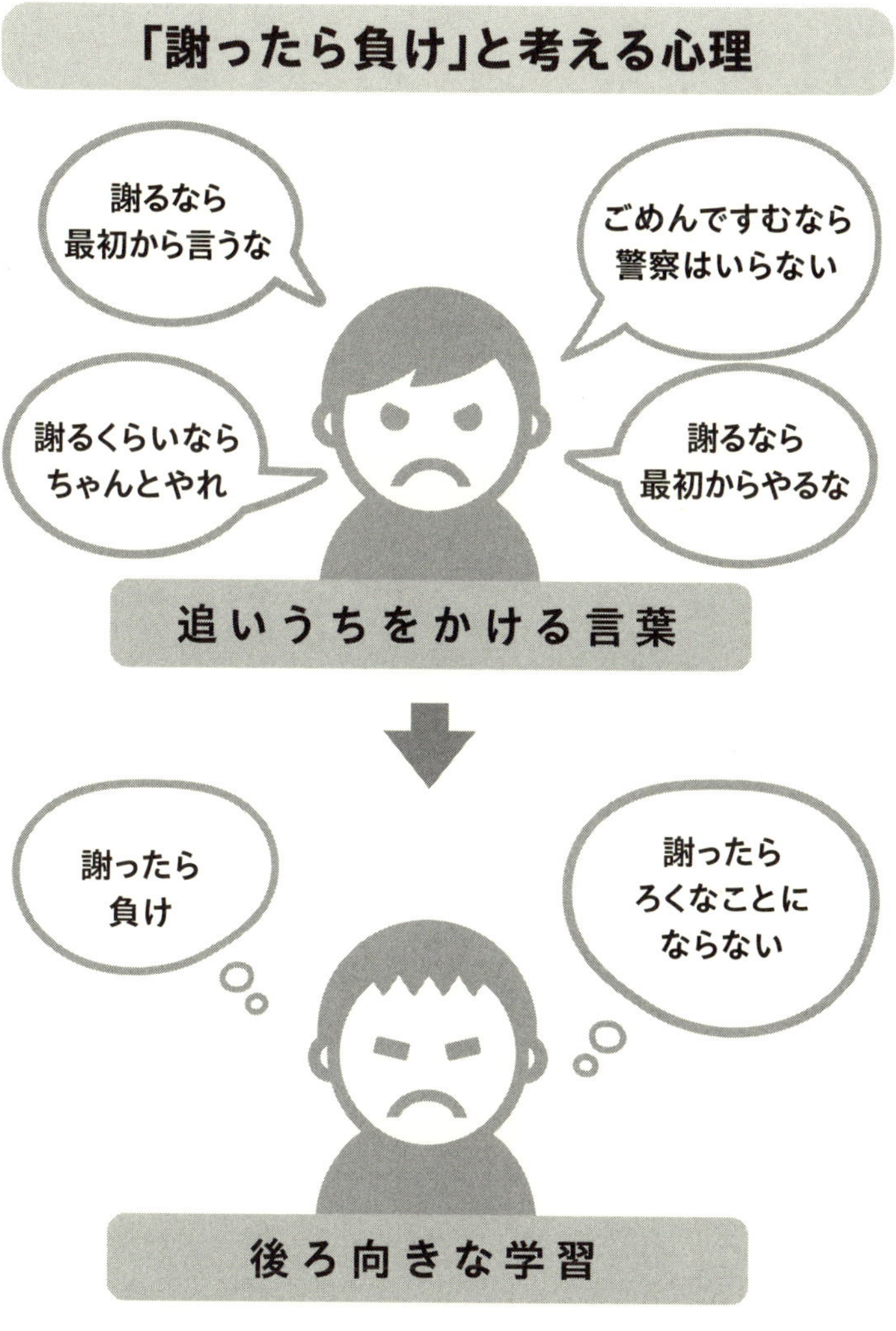
「謝ったら負け」と考える心理
謝るなら
最初から言うな
ごめんですむなら
警察はいらない
謝るくらいなら
ちゃんとやれ
謝るなら
最初からやるな
追いうちをかける言葉
謝ったら
負け
謝ったら
ろくなことに
ならない
後ろ向きな学習

人から謝られる技術 6つのステップ

それでは、人から謝られる技術について具体的に学んでいきましょう。

●相手の「ごめんなさい」は、かなり下手

「ごめんなさい」を言われる立場になったときに心得ておきたい大前提は、相手の謝り方は十中八九、かなり下手ということです。

言い方が雑だったり、言い訳や反論が多かったり、「そっちこそ謝るべき」と言ってきたり、顔がこわかったり、逆ギレしてきたり……。

第2章の技術を知っているあなたからすると、「そんな『ごめんなさい』はダメだ！」と一刀両断したくなるような謝り方だと思います。

そんなふうに相手の不器用な「ごめんなさい」にイラッとしたときは、この対話のそもそもの目的を思い出してみてください。

そう、「ごめんなさい」をきっかけにした対話の目的は、相手との関係をより深めていくことでした。

そのために、「ごめんなさい」の技術をまだ知らない相手を、あなたが少しだけリードしてあげていただけないでしょうか。私からのお願いです(笑)。

ただし、「これからも関係を続けていきたい」と思う人にだけで大丈夫です。あなたにとって大切な人だからこそ、ここまでやるわけです。

「この関係は切れてもいい」「そこまで大切な人ではない」という人には、「ああ、そういう人なのね」と思って、そっと、その場をあとにする……。

というのは言いすぎかもしれませんが、「そう感じたんだね」といった中立的な承認の言葉を伝えつつ、「少し考えさせてほしいから、また話そう」といった言いまわしで間接的に話を打ち切る意向を伝えてもいいかもしれません。
こういったタイミングは人間関係を整理する絶好のチャンスです。「これからも本当に、この人との関係を続けていきたいか」を自問してみてください。

●謝るより負担は少ないが、包容力は2倍必要

人から謝られる技術には、次の6つのステップがあります。

ステップ1　承認のひと言を伝える
ステップ2　「この話をしたい」と提案する
ステップ3　不快感を伝える
ステップ4　相手のフルストーリーを聞く
ステップ5　許可を得てから思いを伝える
ステップ6　最後の確認をする

第2章で学んだ「ごめんなさい」を伝える技術には全部で7つのステップがありましたが、今回の人から謝られる技術は、それより1ステップ少なくなっています。

ですが、油断大敵です。

「ごめんなさい」を伝える技術と比べて心理的負担は半分ですが、包容力は2倍必要と見積もっておくといいかもしれません。

ステップ1
承認のひと言を伝える

●相手への理想の返事は「ありがとう」

まずは、相手の不器用な「ごめんなさい」を受けとることからはじまります。相手から謝られたとき、どんな反応をすればいいと思いますか。

ずばり、相手からの「ごめんなさい」に対する理想の返事は「ありがとう」です。

「えっ、なんで不快にさせられた側なのに感謝を!?」と思うかもしれませんが、この「ありがとう」は「ごめんなさい」を言ってくれた事実に対してです。

相手は、あなたに謝るまでのあいだに葛藤しているはずです。「恥ずかしい」「自分が不利になるかも」「もっと怒られるかもしれない」といった気持ちを乗りこえて、最大限の勇気とともに、あなたに「ごめんなさい」を伝えてくれたのではないでしょうか。

「ありがとう」のひと言は、相手の誠意と勇気を受けとること、つまり、承認のメッセージになるのです。

あなたから承認のひと言があると、相手はとてもホッとします。

「ありがとう」は、言い慣れていない人にとっては、とても勇気のいる言葉だと思います。反射的に口から言葉が出てくるよう、ぜひ、日頃から声に出して伝える練習をしてみてください。私も日々、意識してやっています。

たとえば、スーパーのレジでおつりを受けとるとき、食卓で家族が塩をとってくれたとき、エレベーターで「開」ボタンを押しつづけてくれる人がいたときなど、日常のなかで「ありがとう」と口にする機会は意外とあります。

「ありがとう」のタイミングが来たら、心のなかでつぶやくのではなく、実際に声に出すのがポイントです。

日頃から声に出す練習をしておくと、人から謝られたときの「ここぞ」というタイミングでも「ありがとう」が自然に口から出てくるようになります。

●話す気になれないときは「とりあえずわかった」

「相手に腹が立って、とても『ありがとう』なんて言えない。話す気にもなれない」というタイミングもありますよね。

そんなときは、承認のサイズを、もっと小さくしてみましょう。

たとえば、次のような感じです。

「とりあえず気持ちはわかった」

「とりあえず言葉は受けとった」「とりあえずわかったから、そっとしておいて」

これは、相手の言葉を受けとっただけで、許したわけではありません。

イメージとしては、相手が差し出したチョコをひとまず手で受けとって、まだ口には入れていない状況です。

相手は「あっ、まだ許してくれてはいないんだな」と理解するので、また時間を置いて「ごめんなさい」を言ってくるかもしれません。

そのとき、まだ不快感がおさまっていなかったら、もう一度「気持ちはわかった」と小さな承認を。これを重ねるうちに、少しずつ気持ちが落ちついてきます。

相手からの「ごめんなさい」に対して、なにかしらの承認のひと言を伝えることができたらステップ1はクリアです。

ステップ2

「この話をしたい」と提案する

●進んでいきたい方向をすりあわせる

ステップ1で、相手に承認のひと言を伝えつつ、気持ちが落ちついてきたら、これから話をすることについて、相手に提案するのが次のステップです。

**「この話、もう少ししたいんだけど、いいかな？」**

**「この件について、ちょっとだけ大丈夫？」**

**「今回の件について、もう少しお話しできますか？」**

こんなふうに、「この話をしたい」「このテーマについて深めたい」と提案することをコーチングでは「**テーマ設定**」といいます。

ステップ１で、謝る立場、謝られる立場、両方ともに「少しこじれてしまった会話を修復して、元に戻そう」という目的意識は共有できていると思います。

ですが、少し掘りさげてみると、そこには必ず違いがあるはずです。

たとえば、謝ったほうの相手の立場からすれば、「勇気を出して『ごめんなさい』を伝えたんだから、この話はもうおわりにしたい」「こじれる前に話していた話題に戻りたい」などと考えているかもしれません。

反対に、相手から「ごめんなさい」を伝えられたあなたは、これから自分が感じた悲しさや怒りを伝えたり、関係修復のために、この出来事から学べることがないかを話したりしたいと思っているかもしれません。

こんなふうに考えると、おたがいに関係を修復したいという思いはあるものの、進んでいきたい方向が結構違っていることがわかります。

そして、私たちには、こういった思いを言葉にせず、「相手はわかってくれているだろう」と勝手に推測する傾向があります。

「ごめんなさい」を言われる局面では、こうした食いちがいが99パーセント起こっていると考えていいので、ぜひ丁寧に「この話をしたい」と相手に伝えて、おたがいの進んでいきたい方向をすりあわせてみてください。

●相手から協力してもらいやすくなる伝え方

このステップ2でもっとも大切なのは、あなたが提案した「テーマ設定」に対して、相手から「いいよ」「わかった」といった承諾の返事をもらうことです。

「これで契約成立！」と言ったら大げさかもしれませんが、相手の承諾の返事を受けてはじめて、おたがいが同じ方向に進める準備が整ったことになります。

その際、相手から「いいよ」「わかった」という返事をもらいやすくするコツがあるとすれば、あなたがポジティブな思いを添えて伝えることです。

たとえば、こんなフレーズを使ってみてください。

「楽しい気持ちでおしゃべりしていきたいから、この話、もう少しだけ続けてもいいかな？」

「もうちょっとだけ私の気持ちの整理ができたらうれしいんだけど、この件について、あと5分だけ大丈夫？」

「今後、同じようなことが起きたときのために、今回の件から、いろいろと学びたいんです。もう少し、お話しできますか？」

こんなふうに、あなたのポジティブな思いを伝えられると、相手も協力態勢に入りやすくなります。

相手に「この件について、もう少し話がしたい」という思いを伝えて、おたがいが同じ方向に進めそうな雰囲気をつくれたらステップ2はクリアです。

ステップ3
不快感を伝える

「私」を主語にしてみる

ステップ2で、「この件について話がしたい」という思いを伝えて、相手の合意を得られたら、ここではじめて、こちらの感情を伝えるチャンスがやってきます。

ぜひ、こんな言葉で伝えてみてください。

「さっき謝ってくれて、うれしかったんだけど、私、少しイラッとしたんだよね。この気持ち、わかってもらえると、うれしいな」

特に意識していないと、サラッと読めてしまう文章ですが、実は、この短いフレーズのなかに、対話における大切な技術がたくさんつまっているので、簡単に解説させてください。

まず、最初の「さっき謝ってくれて、うれしかった」で、相手の「ごめんなさい」に対するリスペクト（敬意）を示しています。相手の言葉をしっかり受けとってから話をはじめると、おだやかに会話が進みやすくなるという知恵です。

そして、次の「私、少しイラッとしたんだよね」では、「私」という主語をあえて省略せずに、きちんと言葉にして伝えています。

これは「**Iメッセージ**」というコミュニケーションの技術で、相手に自分の感情を伝えるときに、とても役に立つ方法です。

反対に、同じ「イラッとした」という内容を「あなた」を主語にする伝え方、つまり「**Youメッセージ**」で伝えると、どうでしょうか。たとえば、「『あなた』が私をイラッとさせた」という感じです。

同じことを言っているのに、印象がまったく変わりますよね。私が解説するまでもなく、「Ｙｏｕメッセージ」で伝えると、相手の感情を逆なでしやすくなることが感覚的にわかると思います。

こんなふうに、相手に自分の感情を伝えるときは、「私」という主語を省略せずに「私のことで言えば」と範囲を限定するニュアンスで伝える、つまり「Ｉメッセージ」で伝えると、相手が受け入れやすくなります。

そして、最後の「この気持ち、わかってもらえると、うれしいな」も、これから先の会話をポジティブに進めるための知恵です。

「わかってよ！」は、いわゆる「指示・命令」型のコミュニケーションで、高圧的で一方的な言い方になりがちです。少し乱暴に聞こえる言葉づかいなので、相手との対立を生みやすい言葉だと覚えておいてください。

反対に、「わかってもらえると」は、相手への提案であり、それを選ぶかどうかは相手の判断による、という「余白」を少し残す言葉づかいです。

さらに、「うれしい」というポジティブな感情を伝えることで、相手はより好意的に受けとってくれやすくなります。

●「理解してもらおう」と思わないのがコツ

このステップ3で、いちばん大切なことをお伝えします。

このステップの目的は、相手にこちらの感情を理解してもらうことではなくて、自分の感情を「ただ伝える」ということです。

相手がこちらの言葉を受けとるかどうかは相手の問題で、あなたにはまったくコントロールできません。ここでは、いったん、自分の言葉を受けとってもらえるかどうかの優先度を下げてみてください。

まずは、あなたが「悲しい」「怒っている」「イラッとした」という不快な感情をただ伝えることで、相手との関係修復のスタートラインに立てるのです。

ステップ4

相手のフルストーリーを聞く

●「フルオープンの姿勢」を相手に示す

ステップ3で、こちらの不快感を伝えると、おそらく相手は言い訳や反論をしたそうな顔をしているはずです。その話を受けとめるのが、このステップです。

「『話を受けとめる』って、どういうこと?」「こっちが話を聞いてもらう立場でしょう」という声が聞こえてきそうですが、ここでも私からのお願いです（笑）。

繰り返しになりますが、相手は「ごめんなさい」の技術を知りません。相手の話を受けとめて、あなたから対話を深めていっていただけないでしょうか。

私の大好きな書家、相田みつをさんの言葉に「うばい合えば足らぬ わけ合えばあまる」というものがあります。

おたがいが「自分の話が先！」と主張すれば、対話は決裂してしまいます。相手の言葉を先に聞けば、解決に向かう糸口をつかめると考えてみてください。

「急がば回れ」です。あなたのことを話すタイミングは、次のステップ5でやってきますので安心してください。

聞く技術の基本は、第2章のステップ6のなか（120ページ）でお話ししたように、相手を静かに見守ることでした。あなたが黙ると、相手は話してくれます。

その基本姿勢を、ここでも意識してみてください。

具体的には、相手の話を聞きはじめる前に、次のようなひと言を伝えて、相手の安全を保障します。

「ちなみに、今どんなことを感じてる？　よかったら聞かせて」

「反論しないから大丈夫。今、なにが起きているか教えて」

「あなたの気持ちを知りたいから、話を聞かせて」

言うなれば、「**フルオープンの姿勢**」です。相手の話を否定せずに、とりあえず受けとることは、「こっちからは攻撃しませんよ」というメッセージになります。

そのときに、第2章のステップ6の「復唱する」「承認する」「合いの手を入れる」といったテクニックが役に立ちます。

ここでも「この人には、どんな願いがあるのだろう」ということを探りながら、会話を重ねていってみてください。


相手の話を聞いている途中は「**感情の水漏れ**」に要注意です。

フルオープンの姿勢を表明していても、ついつい「よく言うよ〜」「そんな言い訳ありえない!」「こっちが悪いと言いたいわけ?」といった感情が漏れでてきます。

そうなると、相手の言い訳や反論、自己弁解の時間が、2倍、3倍とどんどんふくらんでいって、本当の願いにもたどりつけなくなります。


うっかり、1、2滴、感情が漏れてしまったときは、「ごめん! 今のはなし!」「ごめん! 今、ちょっと間違えた!」などと、愛嬌たっぷりに伝えてみましょう。

そう、ここでもかわいらしい「ごめんなさい」が大活躍します。

●相手のフルストーリーを聞くと話が早くおわる

「なぜ『ごめんなさい』を言われる側が、そんな苦行をしなきゃいけないの⁉」という声が聞こえてきそうなので、お伝えしておきますね。

実は、フルオープンの姿勢をとるのは、自分のためでもあります。相手の「フルストーリー」を否定せずにじっくり聞くと、相手の話が早くおわるのです。

普段、私たちには、自分の思いをフルで語れる機会はめったにありません。
あなたの話したいことが、心のなかの「日本酒の升《ます》」のようなものに、なみなみとつがれているとしましょう。容量100いっぱいであふれそうです。
一方、相手も相手で、話したいことがなみなみとつがれた升を持っています。こちらも、容量100限界まで入っています。

人と会話をするときは、おたがいの升になみなみとつがれたものを、机の真ん中に置いた「会話の升」にそそいでいくのですが、困ったことに、その升の容量も100しかありません。

2人分全部入れようとすると、外にこぼれてしまいます。

なぜなら、この世の中には「会話をするときに、どちらか一方がたくさん話すのはよくない」というマナーがあるからです。

おたがいの話す分量がだいたい半分ずつになるように調整するのが、良識ある大人の振る舞いとされます。

「あっ、私ばかり話しているな」「あと10くらいは話せるかな」といった感じで、2人でだいたい50・50を目指します。残りの約50は、残念ながら持ち帰りです。

私たちは、こういう日常を送っているので、慢性的に「もっと自分の話をさせてほしい」というストレスを抱えているのです。

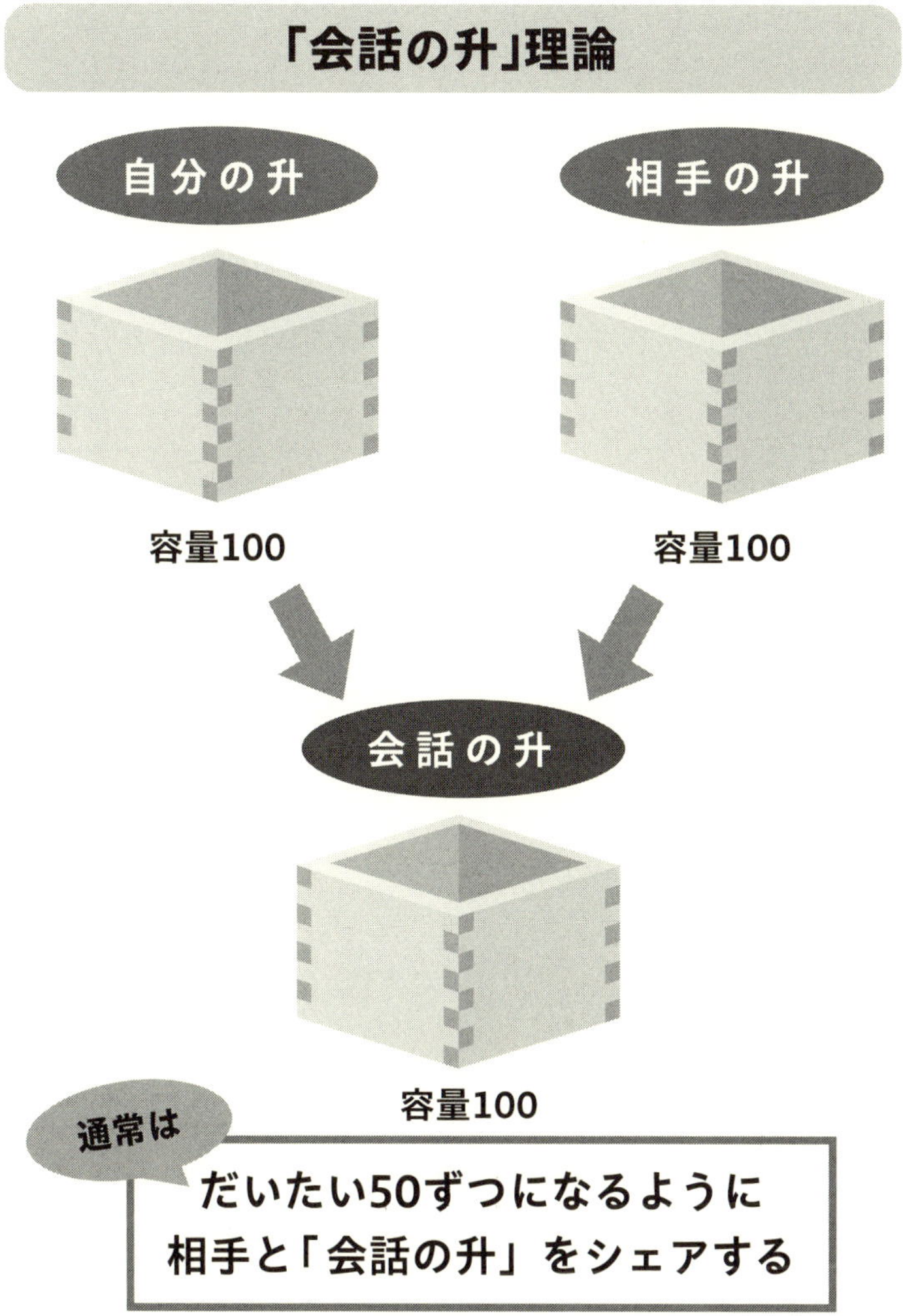
「会話の升」理論
自分の升
相手の升
容量100
容量100
会話の升
容量100
通常は
だいたい50ずつになるように
相手と「会話の升」をシェアする

●相手に「会話の升」をすべて使わせてあげる

そんな背景があるうえに、「ごめんなさい」の場面では、いつも以上に言いたいことが相手にはあるはずなので、「話したい！」という気持ちが高ぶっています。

ぜひ、相手が言い訳や反論をしたそうな顔をしていたら、「ちなみに、今どんなことを感じてる？　あなたの気持ちを知りたいから話を聞かせて」などと伝えて、会話の升１００すべてを相手に使わせてあげてください。

こちらが「どうぞ、どうぞ、いくらでも話してください」とフルオープンの姿勢を示すと、相手はうれしくなって、どんどん話をしてくれます。

すると、会話の升がすぐにいっぱいになって、相手は大満足。話が長引かずに、尻すぼみになっていくという傾向があります。

相手が話をしてくれて、相手に対する理解が深まると同時に、話も早くおわる。これは、おたがいにとって大きなメリットだと思うのですが、いかがでしょうか。

ちなみに、第2章で相手の言い分を聞くときのようなしんどさはありません。

こちらが「ごめんなさい」を伝える立場では、相手から耳の痛い指摘をたくさん受けますが、今回は立場が逆なので、気分は比較的ラクです。

もっとも、相手の謝り方は、かなり下手なので、しょっちゅう「でも」「だって」「しょうがなかった」といったノイズが入ってきます。

ですが、そこはご愛嬌。ここに包容力が必要なのです。先ほど、「心理的負担は半分ですが、包容力は2倍必要」とお伝えしたのは、こういう意味でした。

相手の話をじっくり聞くことができたらステップ4はクリアです。

ステップ5

許可を得てから思いを伝える

●自分のことを話すときは必ず許可をとる

相手のフルストーリーを聞いて全体像がつかめてきたら、少しずつ、こちらの思いも伝えていきましょう。

そのとき、第2章でもお伝えしたように、必ず相手に許可をとってから話しはじめるようにしてください。

たとえば、次のような感じです。

「こっちの話もしていい？」

「今、思っていることを話してもいいかな？」
「こっちの考えていることを伝えてもいい？」

相手はステップ4で自分のことを気持ちよく話せているはずなので、おそらく「どうぞ、どうぞ」となるはずです。

このとき、どんなことを話すかは、当然、あなたの自由です。今の感情を伝えてもいいし、これまでのいきさつをあらためて確認してもいいでしょう。ぜひ、あなたの心のなかにある思いや考えを「Ｉメッセージ」で相手に伝えてみてください。

私から1つアドバイスをするとすれば、このときの話題は「これから」のことを選ぶのがおすすめです。

これはコーチングにおける「**未来志向**」という考え方で、「これから相手と、どんな関係性をつくっていきたいか」「この対話が、どんなふうに進んでいったら、おたがいがハッピーか」を考えていく姿勢です。

ここまで対話が進んでいるタイミングで、過去のことを話すと水かけ論に発展しやすく、話が振りだしに戻ってしまうので、それを避けるためでもあります。

「これまで」のことは、もう変えられないので、ほどほどにしておいて、その代わりに「これから」のことを話題にすると、相手との関係性が深まっていきます。

私の専門であるコーチングの世界では、そんなふうに考えて、「未来」「これから」のことを大切にします。

●相手の聞く準備を整える

そして、もし相手に対して「次からは、こうしてほしい」「今度からは、こうしてほしくない」といったお願いがあれば、このタイミングで伝えてみてください。

相手が素直に受け入れてくれる確率がグンと上がります。

人間関係には「**返報性の原理**」が存在するからです。簡単に言うと、人からなにかをしてもらうと、なにか「お返し」をしたくなる心理のことですね。

ステップ４で、あなたが相手の話を「先に」じっくり聞くと、相手はあなたになにかお返ししたいと思う可能性が高まります。相手に「先に」話してもらうのは、この「返報性の原理」を利用したコミュニケーション術なのです。

さらに、こういった働きかけは、相手に「聞く準備」をしてもらうための行動ともいえます。あなたが、どんなに正しいことを言っても、どんなに感情に訴えかけても、相手の聞く準備ができていないと、まったく受け入れてもらえません。相手にお願いがあるようなときは、なおさらです。

面倒くさいと思うかもしれませんが、相手が話を聞ける環境を整えることが、自分のお願いを聞いてもらえる、いちばんの近道なのです。

ステップ6

最後の確認をする

●「言い残したことはないか」を相手に聞く

相手も自分も話せて、おたがいの本当の願いにたどりついたら、対話は少しずつ収束に向かっていきます。

一方的に対話を切りあげるのではなく、最後に念のため確認をしましょう。

たとえば、次のような感じです。

「全部話せたかな?」

「言い残したことはない?」

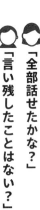

「ほかに言っておきたいことはない？」

「どうかな？　おわってもよさそう？」

「私はもう大丈夫だけど、あなたは？」

おたがいの表情がポジティブな状態になっているかどうかを確認しあって、「いろいろと話せてよかった。ありがとう」と笑顔でおわれたらすてきですね。

アメリカ人であれば、おたがいにハグしあうような瞬間です。ぜひ、心のなかで相手とハグしているような情景を思い浮かべてくださいね。

これで、めでたく一件落着となります。

まとめ

人から謝られる技術

6つのステップを振り返っておきましょう。

ステップ1

承認のひと言を伝える

「ありがとう」または「とりあえずわかった」

ステップ2

「この話をしたい」と提案する

おたがいに進む方向をすりあわせる

ステップ3
不快感を伝える
「Iメッセージ」で伝えてみる

ステップ4
相手のフルストーリーを聞く
「会話の升」を相手に渡す

ステップ5
許可を得てから思いを伝える
「これから」の話題を選ぶ

ステップ6
最後の確認をする
「全部話せたかな？」と念のため聞く

チェック よくある失敗パターン4選

●謝るのが下手な相手を追いつめない

以上、人から謝られる技術の6つのステップについてお話ししました。

お気づきかもしれませんが、第2章の「ごめんなさい」を伝える技術とほぼ同じことを、逆の立場になってやるわけです。「ごめんなさい」の技術を知らない人をリードするぶん、包容力が2倍必要だということもおわかりいただけたと思います。

「ごめんなさい」を伝えてくれた相手とうまくいかないときは、次のような失敗をよくやっています。ぜひ、自己チェックしてみてください。

①怒っていないふりをする

相手が「ごめんなさい」を言ってきたときに、ものすごく腹が立ったり、イライラしたりしているのに、怒っていないふりをしていませんか。隠したつもりの怒りやイライラは、おそらく相手に伝わっています。

それにもかかわらず、「全然、怒ってないから」「大丈夫だから」「平気」といった態度を示してしまうと、相手はそれ以上なにも言えなくなってしまいます。

怒っていないふりをすることは、相手にとっては「この人は、謝るチャンスすらくれない」という恐怖のメッセージになってしまうのです。

これでは、対話とは真逆のコミュニケーションになってしまいます。

怒りやイライラが強すぎて話す気にもなれないときは、ステップ1でお伝えしたように最低限の承認のひと言を返して、気持ちが落ちつくのを待ちましょう。

ほかにも、「『今は』話したくないから、そっとしておいてほしい」と時間を限定して壁をつくる方法もあります。

②そっちも不快にさせてやる！

相手との関係には、次のページのような4つのステージがあります。

もちろん、目指したいのは、①「自分も相手も満足」の方向です。

ですが、「ごめんなさい」を言われ慣れていない人が目指してしまうのが、④「自分も相手も不満足」の方向です。

つまり、「あなたのせいで、私は不快になった。だから、同じように、あなたも不快にさせてやる！」というわけです。

あなたに「ごめんなさい」を言ってきたということは、相手は①の方向を目指そうとしてくれています。謝り方は、かなり下手かもしれませんが……。

こちらも、イライラしたり、傷ついたりしても、相手が大切な存在なら、最終的には①の方向に進んでいきたいはずです。

相手との４つの関係

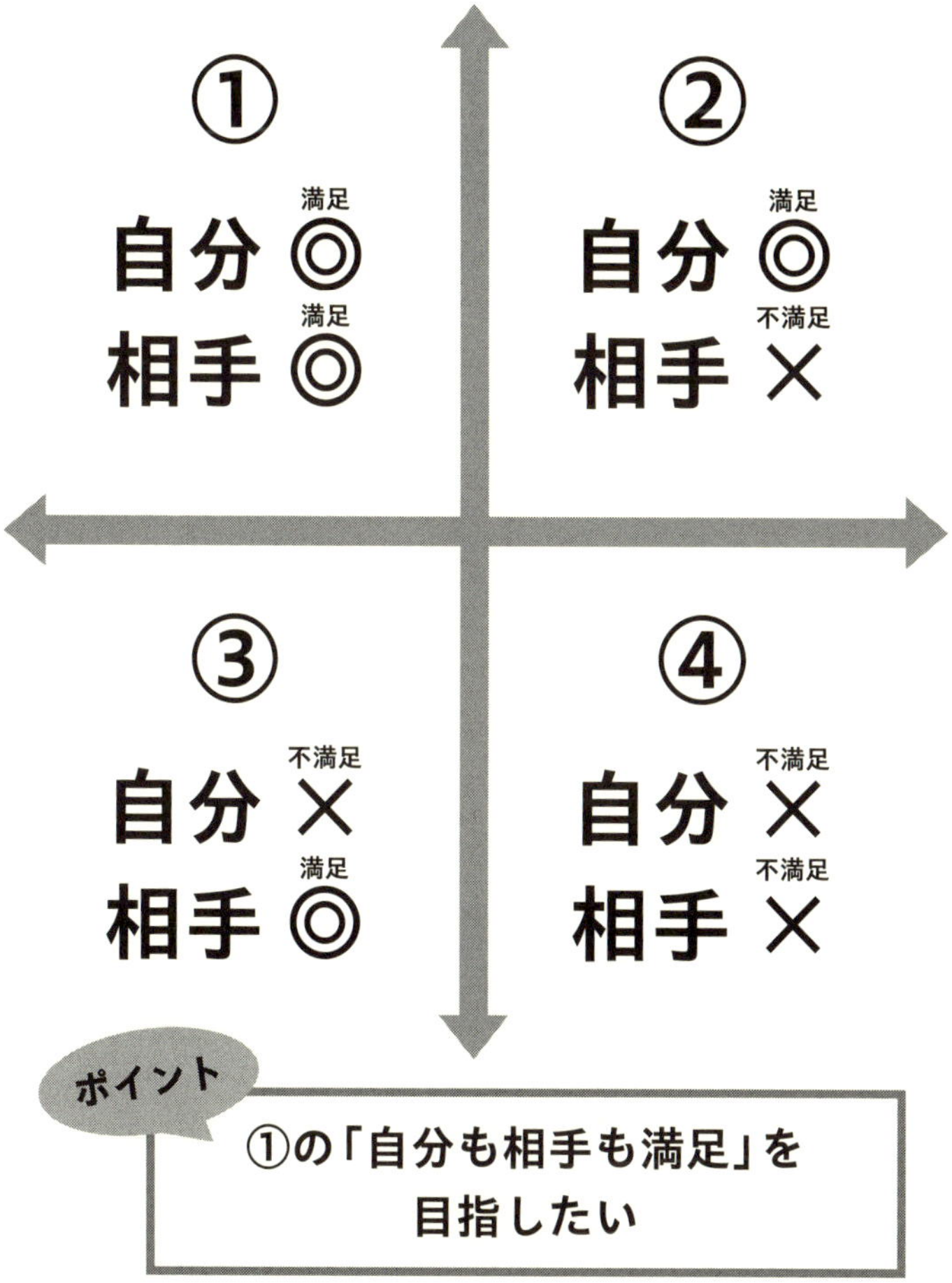

ポイント

①の「自分も相手も満足」を目指したい

そのためには、ステップ1でお伝えしたように、まず相手の「ごめんなさい」を受けとることが必要なのです。

③完全に無視する

相手にいちばんダメージを与える強烈な方法が「無視」です。

コミュニケーションにおいて「無視」は、「非難」「侮辱」と同じレベルの破壊力を持っています。

近年のチームビルディングやリーダー育成の経験から、「無視」は積極的に相手との関係を壊す行為であるということがわかってきています。

相手は「コップ理論」（91ページ）を知らないので、根気よく「ごめんなさい」を言うよりも「面倒だし、もういいや」と関係修復をあきらめることを選ぶでしょう。

関係が切れてもいい相手であれば、そういう手もありますが、あなたにとって大切な人であれば、あきらめられては困ります。

とはいえ、無視したくなるのは、怒りが強すぎるからだと思います。

ここでも①と同じように、怒りが少し落ちつくまでは「うん」「はい」「わかった」など本当に最低限のひと言でいいので返して、時間を稼ぎましょう。

どんなときも無視だけは避けたいものです。

④過去や未来にからめて責める

「あなたって、いつもそうだよね」「どうせまた、同じことを繰り返すんでしょ」といった感じで過去のことを蒸しかえしたり、まだ起きていない未来のことを決めつけたりして相手を追いつめると、相手の「でも」「だって」「しょうがなかった」がどんどんエスカレートしていって、収拾がつかなくなります。

最初はなかなか難しいですが、過去も未来も否定せずに、相手のフルストーリーを聞くことは、自分を助けることにもつながるのです。

「今、謝ってくれている」という事実に目を向け、そして、ステップ5でお伝えしたように「未来」「これから」のことを大切にしてみてください。

絶対に謝らない人への対処法

●相手にイラッとしたときの2つの思考法

自分にとって、そこまで大切な人ではないけれど、日常的にやりとりがある人。

たとえば、ほかの部署の上司や同僚、たまに会う知り合い、近所の人、なにかの会合でいっしょになる人などが、それにあたるでしょうか。

そんな人が絶対に謝らないタイプだったら、なかなかのストレスです。

可能であれば、少しずつ接触回数を減らしていって、遠い関係になっていくのがおすすめですが、難しい場合もありますよね。

この章の最後にお伝えするのは、そんな変則的なパターンです。

謝らない相手にイラッとしたとき、私は次の2つのことを考えます。

①相手の事情を「勝手に」想像する

絶対に謝らない人の本当の事情は、こちらにはわかりようがないので、想像するしかありません。どんなことを想像するかは自由です。

「昔から、プライドの高い人なのかも」

「ランチを食べそこねて、おなかが空いているのかも」

「今日、上司に怒られて、虫の居所が悪いのかも」

そんなふうに、相手のことを「勝手に」想像して、ストーリーをつくります。

相手に伝えるわけではないので、せっかくなら、こちらの溜飲《りゅういん》が下がるような笑えるストーリーがおすすめです。

たとえば、次のような感じです。

「もしかして、この人は、さっきまで歯医者で虫歯の治療を受けていて、麻酔がまだ効いているのかも。だから、『ごめんなさい』の『ご』がうまく発音できなくて、『おめんなさい』になっちゃうから、言えないんだ……（笑）」

こんなふうに、自分のなかでクスッと笑えると、それが事実であるかどうかにかかわらず、イライラは一気におさまります。なるべく、笑えて、楽しいイメージをふくらませられるように練習してみてください。

この方法は、ほかにも「駅でぶつかってきた人」「列に割りこんできた人」「感じの悪い店員さん」などに出くわしたときにも効くので、ぜひお試しください。

②「それが相手の今の精一杯」と考える

もう1つ、絶対に謝らないという選択をしている相手を見て、「それが相手の今の精一杯なんだ」とも考えます。

相手には相手の「ごめんなさい」のタイミングがあり、今は、そのタイミングではなかったのでしょう。もしかすると、永遠にその機会は来ないかもしれませんが、そうなったとしても、それが相手の精一杯です。

どんなに感じが悪い人も、イラッとする人も、あの人も、この人も、そして、あなた自身も、これまでにいろいろな事情があり、それらを抱えて精一杯生きています。

「だれもが今の精一杯を生きているんだ」と考えられると、相手に対してちょっとやさしくなれたり、相手のことを許しやすくなったりして、こちらの気持ちがラクになります。そんなおだやかな日々を、あなたも望んでいるのではないでしょうか。

Column 3

言いにくいことの前置きになる

以前、日本のコーチ仲間であるAさんとおしゃべりをしていたときに、意外な「ごめんなさい」をもらいました。

どんな会話の流れだったのかは忘れてしまいましたが、私は次のように自分のことを話したのです。

「私はね、すごく普通の市民だと思うんですよ。まじめに社会のルールを守って生きてるでしょ。それでね……」

そこまで話したら、彼女は穴のあくほど私の顔を見ています。

長い間を置いて、彼女はポツリとひと言。

「ごめんなさいね。健太郎さん。ちょっといいかしら。あなたは、あきらかに普通の市民じゃないよ。どちらかというと変な人だよ」

するどいツッコミに、思わず爆笑してしまいました。

あとで気づいたのですが、ここにも「ごめんなさい」があり、その前置きがあることによって、会話がより盛り上がる効果を発揮していますよね。

こんなふうに、「ごめんなさい」は、ちょっと言いにくいことをやわらかく、そして楽しく伝えるときにも役立ちます。

ちなみに、この「ごめんなさい」を英語にすると、「May I ~ ?」です。

つまり、「~してもいいですか?」と許可を求めるフレーズですね。

こんな使い方もできるなんて、「ごめんなさい」の守備範囲の広さには本当に驚かされます。便利な言葉ですね。

第3章のポイント

○相手の謝り方は十中八九、かなり下手
○「ごめんなさい」への理想の返事は「ありがとう」
○否定せずに聞くと、相手の話が早くおわる
○「無視」は、相手との関係を破壊する最悪の行為
○相手は相手の精一杯を生きている

まとめ

「ごめんなさい」の2つの技術

第2章

「ごめんなさい」を伝える技術

ステップ0

声に出して慣れる

「ミニマムごめんなさい」を日常的に使う

ステップ1

動きをとめて相手を見る

眼球以外のすべての動きをストップ

ステップ2

会話のすきまを探す

文章のおわりの句点「。」を待つ

ステップ3
責任範囲を限定して謝る
相手を不快にさせたことだけでＯＫ

←

ステップ4
繰り返し伝える
「コップ理論」を思い浮かべる

←

ステップ5
許可を得てから思いを伝える
必ず相手に許可をとってから話しはじめる

←

ステップ6
相手の願いをいっしょに探る
あなたが黙ると、相手は話してくれる

←

ステップ7
おわりのサインを見つける
こちらからは対話を切りあげない

第3章

「ごめんなさい」を受けとる技術

ステップ1

承認のひと言を伝える

「ありがとう」または「とりあえずわかった」

ステップ2

「この話をしたい」と提案する

おたがいに進む方向をすりあわせる

ステップ3
不快感を伝える
「Ｉメッセージ」で伝えてみる

ステップ4
相手のフルストーリーを聞く
「会話の升」を相手に渡す

ステップ5
許可を得てから思いを伝える
「これから」の話題を選ぶ

ステップ6
最後の確認をする
「全部話せたかな？」と念のため聞く

おわりに

この本も、いよいよおわりに近づいてきました。

ここまで「ごめんなさい」について、わかったようなことを言ってきましたが、その「わかった」に至るまでに、私はたくさんの失敗をしています。

3回の離婚歴があることは、すでにお話しした通りです。

いずれのときも、相手に「ごめんなさい」を素直に言えない、もしくは「ごめんなさい」を言われたときに相手を追いつめるような発言をしていたことが大きな原因だったと、今ならわかります。

ビジネスパーソンとしても、私はひどいものでした。

自分からはもちろん謝らないし、部下に「謝るなら最初からやるな」などと平気で言う上司でした。

「部下にがんばってほしい」「期待しているからこそ言うんだ」と心のなかで言い訳しながら過ごしているうちに、私は大きな代償を払うことになりました。期待していた人ほど、私から離れていくのです。用事があるとき以外は話しかけられなくなり、気づいたら辞めていく。そんなことが何度もありました。

かつてのパートナーや、かつてともに働いた人たちは、この本を目にしたとき「林健太郎、よくもまあ、こんな本が書けるな」と思うでしょう。

今、もし彼らが目の前にいたら、心の底から「ごめんなさい」を伝えます。もちろん、許してくれるとは思いません。その選択も受け入れます。

「ごめんなさい」を言えずに何度も大失敗を重ねてきた私は、今、4度目の家庭生活を送りながら、「ごめんなさい」の文化形成に精を出しています。

妻と私がよく話しているのは、「2人の子どもたちに、きちんと『ごめんなさい』を言える親でいようね」ということです。

まだ2人とも幼く、役割としては、私たちが「教える」側、子どもたちが「教わる」側といった上下の関係ができやすいのは事実ですが、本質的には、私たち親とは別の人格を持つ対等な存在だと思っています。

私たち親が間違ったことをしたとき、気持ちをわかってあげられなかったとき、必ず「ごめんなさい」を伝えています。

そんなふうに考えている私たちのことを知ってか知らずか、ある日、娘が私とのたわいのないおしゃべりのなかで、「というと?」と問いかけてきました。そう、124ページでお話しした「5つの黄金の合いの手」の1つです。

私たち夫婦は、この合いの手を、日常の会話のなかでも本当にしょっちゅう使っているので、いつのまにか娘は「人の話をもっと聞きたいときは、こんなふうに言えばいいんだ」と学習したのでしょう。

こんなふうに、日常のなかで「ごめんなさい」や合いの手などの技術を繰り返し使っていくことで、新しい会話の文化がつくられていきます。

●多様性社会で相手と関係を結んでいく技術

これからの社会は、どんどん多様化が進んでいきます。

そのときに、「ごめんなさい」の技術の重要性は高まっていくはずです。

日本は島国ということもあり、これまで「均質性が高くて、多様性は低い」と指摘されてきましたが、そうとも言えなくなってきています。

多様性とは、性別、人種、国籍などの違いだけではありません。1人ひとりのライフスタイルの変化も、多様性の1つです。

会社勤めの人、フリーランスの人、1つの会社で働きつづける人、転職する人、独身の人、子育てをしながら仕事をする人、夫婦2人の暮らしをしている人、親の介護をしている人……そうした違いも多様性といえます。

数十年前のライフスタイルは、たとえば男性なら、会社勤めをして、結婚して、子どもができて、家を買って、定年まで働く……といったコースを多くの人が選んだように、とてもよく似ていました。

そのような均質性の高い社会なら、日本の「察する文化」も、それほど難しいことではなかったでしょう。隣の人と自分の生活がほぼ同じなので、悩んでいること、うれしいこと、感じていることも共有しやすかったはずです。

また、「ごめんなさい」が必要な場面でも、「まあ、おたがいさまだから」と穏便にすんでいたのだと思います。


ですが、これからの時代は違います。

同じ学校にいても、会社で隣に座っていても、そして同じ家に住んでいても、相手は自分と違う背景、価値観を持っていることが当たり前になります。

そのとき、あなたは目の前にいる人と、どう関係を結んでいきますか。

この本で手にした「ごめんなさい」の技術を、どう使っていきますか。

その選択を、あなたに託したいと思います。


最後になりましたが、この本の執筆風景を少しだけご紹介させてください。

この本は、編集を担当してくださったPHP研究所の桑田和也さん、編集協力をしてくださった林加愛さん、そして私の妻の林あゆみと私の4人が、それぞれ「ごめんなさい」に関するアイデアと、自分の「ごめんなさい」体験を持ち寄り、何度も集まって対話を重ねることで生まれた本です。

その過程では、笑いあり、涙あり、赤裸々な過去のしくじり体験の告白ありで、著者である私の考えに、ほかの3人の経験が加わるかたちで完成しました。

4人で「現代を生きる私たちの暮らしに溶けこむ、新しい『ごめんなさい』のかたちを提案しよう」という熱い思いを共有してつくりあげましたので、その熱量を少しでも感じていただけましたら、著者としてうれしい限りです。

あなたと、あなたの身近な人たちが、ともに幸せでいられますように、その先にすてきな未来が訪れますように――。そう願いつつ、この本をおわります。

林 健太郎

〈著者略歴〉
林 健太郎（はやし・けんたろう）
2万人以上を指導したコーチ。リーダー育成家。合同会社ナンバーツーエグゼクティブ・コーチ。一般社団法人国際コーチ連盟日本支部（当時）創設者。
1973年、東京都生まれ。バンダイ、ＮＴＴコミュニケーションズなどに勤務後、エグゼクティブ・コーチングの草分け的存在であるアンソニー・クルカス氏との出会いを機に、プロコーチを目指してアメリカで経験を積む。帰国後、2010年にコーチとして独立。2016年には、フィリップ・モリス社の依頼で、管理職200人以上に対するコーチング研修を実施。これまでに日本を代表する大手企業や外資系企業、ベンチャー企業、家族経営の会社などで、2万人以上のリーダーを対象にコーチングやリーダーシップの指導を行なう。『否定しない習慣』『子どもを否定しない習慣』（ともにフォレスト出版）など著書多数。
▶ https://number-2.jp/

「ごめんなさい」の練習

2024年10月１日　第１版第１刷発行

著　者　林　健太郎
発行者　永田貴之
発行所　株式会社ＰＨＰ研究所
東京本部　〒135-8137　江東区豊洲5-6-52
ビジネス・教養出版部　☎03-3520-9615（編集）
普及部　☎03-3520-9630（販売）
京都本部　〒601-8411　京都市南区西九条北ノ内町11
PHP INTERFACE　https://www.php.co.jp/

組　版　株式会社PHPエディターズ･グループ
印刷所　株式会社精興社
製本所　株式会社大進堂

ISBN978-4-569-85772-5